Franz Kafka

Die Verwandlung

Von Wilhelm Große

1896258

LIBRARY

ACC. No.
36050821

DEPT.

CLASS No.
833.912 KAF G88

UNIVERSITY OF CHESTER

Philipp Reclam jun. Stuttgart

RECLAMS UNIVERSAL-BIBLIOTHEK Nr. 15342
Alle Rechte vorbehalten
© 2004 Philipp Reclam jun. GmbH & Co., Stuttgart
Gesamtherstellung: Reclam, Ditzingen
Printed in Germany 2006
RECLAM, UNIVERSAL-BIBLIOTHEK und
RECLAMS UNIVERSAL-BIBLIOTHEK sind eingetragene Marken
der Philipp Reclam jun. GmbH & Co., Stuttgart
ISBN-13: 978-3-15-015342-0
ISBN-10: 3-15-015342-5

www.reclam.de

Inhalt

1. Erstinformation zum Werk

Auch nach fast einem Jahrhundert geht noch immer eine ungebrochene Faszination von dem Werk, und auch von dem Menschen Kafka aus. Diesen Platz konnte sich sein Werk, das er selbst zum größten Teil am liebsten vernichtet gesehen hätte, erobern, weil er wohl zu jenen Autoren des zwanzigsten Jahrhunderts gehört, die in ihrem Werk eine noch immer vorhandene Bewusstseinslage ins literarische Bild setzten, das einer Vielzahl von Lesern ermöglichte, sich und ihre Situation in ihm wieder zu erkennen.

Das Werk Kafkas wurde zur Signatur der Epoche und vielleicht des Jahrhunderts. Das (Mode-)Wort ›kafkaesk‹, das der Duden mit ›auf rätselvolle Weise unheimlich, bedrohlich‹[1] erklärt, gilt als Verständigungsformel für eine Welt, »deren Zeichen Unbehaustheit, existentialistische Verlorenheit, Bürokratie und Folter, Entmenschlichung und Absurdität zu sein schienen«[2].

> *kafkaesk*

Die Wirkung, die Literatur haben sollte, fasste Kafka einmal in einem Brief an seinen Freund Oskar Pollak in ein Bild; er schrieb:

»Ich glaube, man sollte überhaupt nur solche Bücher lesen, die einen beißen und stechen. Wenn das Buch, das wir lesen, uns nicht mit einem Faustschlag auf den Schädel weckt, wozu lesen wir dann das Buch? Damit es uns glücklich macht, wie du schreibst? Mein Gott, glücklich wären wir eben auch, wenn wir keine Bücher hätten, und solche Bücher, die uns glücklich machen, könnten wir uns zur Not selber schreiben. Wir brauchen aber die Bücher, die auf uns wirken wie ein Unglück, das uns sehr schmerzt, wie der Tod eines, den wir lieber hatten als uns, wie wenn wir in Wälder verstoßen würden, von allen Menschen weg, wie ein Selbstmord, ein Buch muß die Axt sein für das gefrorene Meer in uns.«[3]

Die Verwandlung ist wohl die bekannteste Erzählung Franz Kafkas und mit Sicherheit die, welche am häufigsten interpretiert worden ist. »Sie scheint [...] in reinster Weise den Begriff ›kafkaesk‹ zu definieren«, denn »der Leser ist verunsichert und reagiert vor diesen Texten mit dem Impuls, ihnen möglichst auszuweichen, aber zugleich auch mit dem Bewusstsein, dass man sich ihrer Provokation nicht entziehen sollte«[4].

Kafkas Erzählung dürfte zu jenen Büchern gehören, die auch heute noch »wie ein Unglück wirken, das uns schmerzt«. Die Lektüre, die sich der Erzählung unvoreingenommen öffnet, kann immer noch der erweckende »Faustschlag auf den Schädel« des jeweiligen Lesers sein; mit diesen Worten lässt sich auch heute noch ihre Wirkung umschreiben. Sie vermag uneingeschränkt und unbeeinflusst von ihrer Entstehung vor fast einem Jahrhundert zutiefst zu verstören, kommt sie doch provokativ und schockartig mit dem berühmt gewordenen Einleitungssatz daher:

»Als Gregor Samsa eines Morgens aus unruhigen Träumen erwachte, fand er sich in seinem Bett zu einem ungeheuren Ungeziefer verwandelt.«[5]

Man sollte sich davor hüten, die Verstörung, die von der *Verwandlung* ausgeht, dadurch zu verflachen, dass man die Erzählung in ihrem provokativen Gestus reduziert, dass man sie zum Tummelplatz und Exerzierfeld unterschiedlichster Interpretationsmethoden macht. So ebnet man nur die Verunsicherungen, die von dem Text ausgehen, ein. Durch vorschnelle Sinnfixierungen wird jene für den Text typische Auflösung eines festen Sinns rückgängig gemacht und entproblematisiert. Genauso wenig aber wird man der Erzählung gerecht, wenn man auf jede Deutung verzichtet und sie damit interpretatorischer Willkür ausgeliefert sein lässt.

2. Inhalt

I

Obwohl er seinen Wecker auf vier Uhr gestellt hat, erwacht Gregor Samsa eines Morgens erst kurz vor halb sieben aus unruhigen Träumen und findet sich in seinem Bett zu einem ungeheueren Ungeziefer verwandelt. Er liegt auf einem panzerartig harten Rücken und sieht, wenn er seinen Kopf ein wenig hebt, seinen gewölbten, braunen, von bogenförmigen Versteifungen geteilten Bauch. Samsa vergewissert sich zunächst, dass es kein Traum ist, in dem er sich befindet. Er liegt in seinem eigenen Zimmer, was er daran erkennt, dass noch immer eine Musterkollektion von Tuchwaren – Samsa ist von Beruf Reisender – auseinandergepackt auf dem Tisch liegt, aber er erkennt auch das über dem Tisch hängende Bild, das eine Dame, mit Pelzhut, Pelzboa und Pelzmuff versehen, zeigt. Von dem Bild wandert Samsas Blick zum Fenster hinaus. Er fühlt sich melancholisch gestimmt und denkt bei sich, dass es angesichts des regnerischen Wetters gut sei, noch ein wenig weiterzuschlafen und alle »Narrheiten« (5) zu vergessen. Schlafen ist ihm jedoch nur möglich, wenn er auf der rechten Seite liegt. Sein gegenwärtiger Zustand erlaubt es ihm aber nicht, sich in diese Lage zu bringen. Er versucht, sich mehrfach im Bett zu drehen und lässt erst von diesen Versuchen ab, als er einen noch nie gefühlten, leichten, dumpfen Schmerz in seiner Seite verspürt.

Nachdem Samsa seine ursprüngliche Lage im Bett wieder eingenommen hat, beruhigt er sich mit der Annahme, frühzeitiges Aufstehen mache blödsinnig. Außerdem überlegt

Gregors Erwachen

er, ob es nicht gut sei, seinen Job einfach zu kündigen bzw. sich aus dem Betrieb hinauswerfen zu lassen, denn nur aus Rücksichtnahme auf seine Eltern hat er den ungeliebten Beruf bislang nicht aufgegeben, trägt sich aber durchaus mit dem Gedanken, wenn das Geld beisammen ist, um eine Schuld der Eltern abzuzahlen, endlich diesen Schritt der Kündigung zu gehen.

Samsa, der bislang während seines fünfjährigen Dienstes noch kein einziges Mal krank gewesen ist, will sich auch jetzt nicht krankmelden, zumal er sogar feststellen muss, dass er sich, abgesehen von einem verspürten Hunger, in seiner gegenwärtigen Situation ganz wohl fühlt.

Als Gregors Mutter kurz vor sieben Uhr vorsichtig an die Tür zu seinem Zimmer klopft, um ihn zu fragen, ob er denn nicht fahren wolle, antwortet Gregor ihr mit einer Stimme, die er zwar als seine frühere erkennt, in die sich aber ein schmerzliches Piepsen eingeschlichen hat. Die anderen Familienmitglieder, der Vater und Gregors Schwester, werden durch seine Antwort darauf aufmerksam, dass er sich immer noch zu Hause befindet, woraufhin der Vater energischer als die Mutter an die Tür klopft und die Schwester nachfragt, ob Gregor nicht wohl sei. Beiden antwortet er mit einem sie vorerst beruhigenden: »Bin schon fertig« (8).

Gregor will nun aufstehen, um sich anzuziehen, und hofft, dass, wenn er erst einmal das Bett verlassen hat, sich auch seine heutigen Einbildungen und Vorstellungen auflösen werden. In mehreren Anläufen versucht er, aus dem Bett so auszusteigen, dass er unverletzt bleibt. Doch alle Versuche misslingen zunächst. Erst als kurz vor acht Uhr der Prokurist des Geschäfts, bei dem Gregor angestellt ist, erscheint, gelingt es ihm, sich mit aller Macht aus dem Bett

Erscheinen des Prokuristen

zu schwingen, so dass man den Aufschlag vor der Tür hören kann. Der Vater ruft Gregor durch die noch geschlossene Tür des Zimmers zu, der Prokurist sei gekommen und erkundige sich danach, warum Gregor nicht den Frühzug genommen habe. Gregor kann hören, wie die Mutter auf den Prokuristen einredet und ihren Sohn entschuldigt, ihm sei nicht wohl. Auf die Frage des Vaters, ob der Prokurist das Zimmer betreten könne, antwortet Gregor mit einem schroffen ›Nein‹, woraufhin eine peinliche Stille eintritt und Gregors Schwester zu weinen beginnt. Weil Gregor weiterhin nicht öffnet, spricht der Prokurist durch die verschlossene Tür mit ihm, bekundet sein Befremden angesichts des merkwürdigen Benehmens, das Samsa an den Tag lege, droht ihm mit einer möglichen Kündigung und lässt durchblicken, der Chef des Geschäfts habe Bemerkungen über das Samsa erst kürzlich anvertraute Inkasso gemacht. Gregor entschuldigt sich damit, dass ihn ein leichtes Unwohlsein befallen habe. Er wolle noch mit dem Achtuhrzug fahren, der längere Schlaf hätte ihn wieder zu Kräften kommen lassen.

Noch während er mit dem Prokuristen durch die geschlossene Tür spricht, richtet sich Gregor auf und will tatsächlich die Tür öffnen und sich sehen lassen. Er ist begierig darauf, zu erfahren, was die anderen, die jetzt so nach ihm verlangten, bei seinem Anblick sagen würden. Der Prokurist hat Gregors Antwort nicht verstanden – er glaubt eine Tierstimme vernommen zu haben – und meint, Gregor wolle doch nicht ihn und die anderen zum Narren halten. In dieser Situation versucht die Mutter zu beschwichtigen, indem sie ihre Tochter umgehend zum Arzt schickt, dessen Gregor ihrer Meinung nach bedürfe. Zugleich befiehlt der Vater dem Dienstmädchen Anna, sie möge sofort einen

Schlosser holen, der die Tür gewaltsam öffnen soll. Beide Mädchen verlassen umgehend die Wohnung.

Gregor erkennt an den Reaktionen seiner Eltern, der Schwester und des Prokuristen, dass man seine Stimme nicht mehr verstehen kann, da aber nach Arzt und Schlosser ausgeschickt worden ist, weiß er sich »in den menschlichen Kreis« (16) zurückgeholt, wird innerlich wieder ruhiger und schiebt sich mit Hilfe eines Sessels, an dem er sich aufgerichtet und festgehalten hat, zur Tür hin. Dort versucht er, mit dem Mund den Schlüssel im Schloss umzudrehen, und legt dann den Kopf auf die Klinke, um so die Tür ganz zu öffnen.

In dem Augenblick, wo man seiner in der noch nicht ganz geöffneten Tür ansichtig wird, stößt der Prokurist ein lautes ›Oh!‹ aus, drückt die Hand gegen den offenen Mund und weicht langsam zurück, »als triebe ihn eine unsichtbare, gleichmäßig fortwirkende Kraft« (18). Die Mutter sieht mit »gefalteten Händen« den Vater an, geht zwei Schritte auf Gregor zu und fällt inmitten ihrer rings um sie herum sich ausbreitenden Röcke nieder, »das Gesicht ganz unauffindbar zu ihrer Brust gesenkt« (ebd.). Der Vater ballt mit feindseligem Ausdruck die Faust, als wolle er Gregor in sein Zimmer zurückstoßen, sieht sich dann aber unsicher im Zimmer um, beschattet seine Augen mit den Händen und beginnt zu weinen, »dass sich seine mächtige Brust schüttelte« (ebd.).

> Reaktionen auf Gregors Verwandlung

Gregor tritt nicht weiter in das Zimmer ein, sondern lehnt sich von innen an den festgeriegelten Türflügel, so dass sein Leib nur zur Hälfte sichtbar ist. Er lugt zu dem Prokuristen und den Familienmitgliedern hinüber und sieht das Frühstücksgeschirr auf dem Tisch. Zuletzt fällt sein Blick auf eine Photographie, die ihn als Leutnant zeigt, wie er, »die Hand am Degen, sorglos lächelnd, Respekt für seine Haltung und Uniform verlangte« (19).

Überzeugt davon, dass er der Einzige ist, der die Ruhe bewahrt hat, sagt Gregor zu den anderen, er werde sich gleich anziehen, die Kollektion zusammenpacken und wegfahren. Dem Prokuristen gegenüber beschreibt er nochmals ausführlich, wie er seine Stellung im Betrieb sieht (er sei ein Opfer von Klatschereien, Zufälligkeiten und grundlosen Beschwerden), und bittet den Prokuristen, er möge ihm wenigstens zu einem kleinen Teil Recht geben, aber der wendet sich bereits bei den ersten Worten Gregors ab und zieht sich aus dem Wohnzimmer zurück, ohne dabei Gregor aus den Augen zu lassen. Gregor weiß, dass er den Prokuristen so nicht gehen lassen darf, bedauert aber auch, dass seine Schwester diesen zu umgarnen weiß. Als er dem Prokuristen nachzulaufen versucht, fällt er sofort auf seine Beinchen und fühlt in diesem Augenblick zum ersten Mal ein »körperliches Wohlbehagen; die Beinchen hatten festen Boden unter sich; sie gehorchten vollkommen, wie er zu seiner Freude merkte; strebten sogar darnach, ihn fortzutragen, wohin er wollte; und schon glaubte er, die endgültige Besserung alles Leidens stehe unmittelbar bevor« (21). Aber in genau diesem Augenblick, als er der Mutter direkt gegenüber auf dem Boden liegt, springt diese auf und ruft mit ausgestreckten Armen und gespreizten Fingern um Hilfe, setzt sich auf den Tisch und stößt dabei eine Kaffeekanne um, aus der restlicher Kaffee in Strömen auf den Teppich fließt.

Gregor sagt nur leise »Mutter, Mutter«, sieht zu ihr hinauf und schnappt angesichts des fließenden Kaffees mehrfach mit seinen Kiefern ins Leere, woraufhin die Mutter erneut aufschreit und dem ihr entgegenstürzenden Vater in die

Arme fällt. Gregor will dem Prokuristen nacheilen, der bereits das Treppenhaus erreicht hat. Der Vater ist wegen dessen Flucht völlig verwirrt. Er packt den Stock, den der Prokurist zusammen mit Hut und Überzieher zurückgelassen hat, ergreift eine Zeitung und treibt mit geschwenktem Stock Gregor in sein Zimmer zurück. Kein Bitten Gregors hilft, »kein Bitten wurde auch verstanden, er mochte den

Gregors Rückzug ins Zimmer

Kopf noch so demütig drehen, der Vater stampfte nur stärker mit den Füßen« (22). Gregor, noch völlig ohne Übung im Rückwärtsgehen, weicht nur langsam, der tödliche Schlag mit dem Stock droht ihm. Der Vater hat die fixe Idee, dass Gregor »so rasch als möglich in sein Zimmer müsse« (23). Mit einem »wahrhaftig erlösenden starken Stoß« befördert er ihn schließlich dorthin, Gregor »flog, heftig blutend, weit in sein Zimmer hinein. Die Tür wurde noch mit dem Stock zugeschlagen, dann war es endlich still« (ebd.).

II

Gregor ist in einen ohnmachtsähnlichen Schlaf gefallen und wacht erst in der Abenddämmerung desselben Tages wieder auf, womöglich durch einen flüchtigen Schritt und ein vorsichtiges Schließen der Tür zu seinem Zimmer geweckt. Seine linke Körperseite schmerzt ihn, als sei sie eine »einzige lange, unangenehm spannende Narbe« (24). Eins seiner Beinchen ist durch die vormittäglichen Vorfälle schwer verletzt. Er kriecht in die Richtung der Tür, angelockt durch einen Geruch von etwas Essbarem. Jemand – vermutlich die Schwester – hat ihm einen Napf mit süßer Milch, in der kleine Schnitten von Weißbrot schwimmen, in sein Zimmer gesetzt. Er wendet sich jedoch mit Widerwillen davon ab und kriecht in die Zimmermitte zurück. Im angrenzenden Wohnraum erkennt Gregor wohl Licht, aber er hört keinen Laut. Zögerlich wird mehrfach die Tür zu seinem Zimmer geöffnet, dann aber auch schnell wieder geschlossen, sodass er nicht erkennen kann, wer aus der Familie sein Zimmer betreten will. Er muss feststellen, dass der Türschlüssel nicht mehr von innen, sondern nun von außen steckt.

Spät in der Nacht erst wird das Licht im Wohnzimmer gelöscht, und für Gregor ist nunmehr die Zeit gekommen, wo er sich in Ruhe überlegen will, wie er sein Leben jetzt neu ordnen soll. Er kriecht unter das Kanapee in seinem Zimmer. Teils in Halbschlaf verfallend, teils in Sorgen und undeutlichen Hoffnungen, verbringt er dort die Nacht und beschließt, sich vorläufig ruhig zu verhalten und durch Geduld und größte Rücksichtnahme der Familie jede Form von Unannehmlichkeiten erträglich zu machen, »die er ihr in seinem gegenwärtigen Zustand nun einmal zu verursachen gezwungen war«[6]. Bereits am nächsten Morgen kann Gregor seinen nächtlichen Entschluss überprüfen, als er von seinem Platz unter dem Kanapee aus beobachtet, wie seine Schwester sein Zimmer betritt und ihm eine große Auswahl an Lebensmitteln (altes, halb verfaultes Gemüse, Knochen vom Nachtmahl, Rosinen, Mandeln usw.) auf einer alten Zeitung ausbreitet, um so zu überprüfen, was ihm wohl am besten schmecke. Aus Zartgefühl, weil sie weiß, dass Gregor in ihrer Anwesenheit nichts essen wird, zieht sie sich umgehend aus dem Zimmer zurück. Gregor, der sich nun schmerzlos fühlt, verzehrt gierig Käse, Gemüse und Sauce und verschwindet umgehend unter seinem Kanapee, als er hört, dass die Schwester wieder das Zimmer betreten will. Auf diese Weise bekommt er nunmehr täglich sein Es-

Am nächsten Morgen

sen: morgens, wenn die Eltern noch schlafen, und dann nach dem allgemeinen Mittagessen, wenn die Eltern ihren Mittagsschlaf halten und die Schwester unter einem Vorwand das Dienstmädchen zu irgendwelchen Besorgungen außer Haus schickt.

Die Menschen in Gregors Umwelt nehmen nicht wahr, dass sie von ihm verstanden werden, sie aber ihn nicht verstehen können. So hört Gregor an den folgenden Tagen den Beratungen, wie man sich in der neuen familiären Situation verhalten solle, zu. Der Vater legt der Familie die Vermögensverhältnisse offen, wobei Gregor zu seiner Verblüffung erfahren muss, dass es um diese nicht so schlimm bestellt ist, wie er immer angenommen hatte, nachdem das Geschäft des Vaters vor fünf Jahren zusammengebrochen war. Gregor hatte nämlich vermutet,

> Gregors Beruf

dem Vater sei nichts übrig geblieben und er selbst müsse nun durch seine Arbeit der Familie über das väterliche geschäftliche Unglück hinweghelfen. Nur so erklärt sich, dass aus Gregor, einem anfänglich kleinen Kommis, unerwartet schnell ein Reisender geworden war, der durch die Provision durchaus mehr verdienen konnte. So hatte er in der Vergangenheit den ganzen finanziellen Aufwand der Familie getragen, woran diese sich auch bald gewöhnte, ohne Gregor eine »besondere Wärme« (30) entgegenzubringen. Ausschließlich die Schwester empfindet eine besondere Liebe oder Sympathie für Gregor, ist er es doch, der die großen Kosten für ihr Violinstudium trägt und ihr ermöglicht, im kommenden Jahr das Konservatorium zu besuchen. Beim Belauschen der Gespräche erfährt Gregor auch, dass das von ihm der Familie abgelieferte Geld – er selbst behält nur ein paar Gulden für sich – nicht gänzlich aufgebraucht ist; ja sogar ein kleines Kapital hat sich zwischenzeitlich angesammelt, mit dem der Vater durchaus seine Schulden gegenüber seinem Chef hätte begleichen können, sodass es Gregor möglich gewesen wäre, eher aus seinem Beruf auszuscheiden. Aber in der gegenwärtigen Situation findet es Gregor besser, »wie es der Vater eingerichtet hatte« (32). Der angesparte Betrag würde allerdings auch nicht für mehr als zwei Jahre reichen, um die Familie »leben zu lassen« (ebd.), denn der Vater würde nicht erneut ein Arbeitsverhältnis eingehen können, die Mutter käme als Verdienerin wegen ihres Asthmas nicht in Frage, und die siebzehnjährige Schwester ist noch ein Kind. Bei diesem Gedanken, wie die Familie finanziell ohne seine Mithilfe weiterleben soll, wird Gregor traurig und ist beschämt.

Inzwischen hat Gregor in seinem Zimmer einen Sessel ans Fenster geschoben, um von der Fensterbrüstung aus auf die Straße blicken zu können. Die Schwester betritt den Raum zwar mehrfach am Tag, unter anderem, um ihn zu lüften, aber Gregor muss erfahren, dass ihr nach wie vor sein Anblick unerträglich ist und wohl auch unerträglich bleiben wird. Deshalb verbirgt er sich, wenn die Schwester in sein Zimmer kommt, weiterhin unter dem Kanapee, zieht aber nun auch noch ein Leinentuch über sich, das ihn gänzlich verdeckt, selbst dann noch, wenn die Schwester sich bückt.

Die ersten vierzehn Tage betreten die Eltern nicht sein Zimmer. Zwar will ihn die Mutter besuchen, aber vom Vater und der Schwester vorgebrachte, für Gregor selbst einsichtige »Vernunftgründe« (35) halten sie zunächst davon ab. Gregor wünscht sich allerdings, dass die Mutter in sein Zimmer kommt, denn er hält sie letztlich für verständiger als die Schwester, die doch nur ein Kind ist. Sein Wunsch soll dann auch in Erfüllung gehen. Die Schwester hat Gregors neue Beschäftigungsart bemerkt, über Plafond und Wände zu kriechen und oben an der Decke zu hängen. Deshalb will sie möglichst viele Gegenstände aus Gregors Zimmer räumen, die ihn bei seinen Kriechgängen behindern könnten. Dazu bedarf sie aber der Hilfe der Mutter, denn die wegzuschiebenden Gegenstände sind für sie allein zu schwer, und den Vater will sie nicht um Hilfe bitten. Die Situation nutzend, dass der Vater für eine Zeit außer Haus ist, betritt die Mutter mit der Schwester den Raum, um unnötiges Mobiliar auszuräumen. Gregor hat sich ganz unter dem Leinentuch verborgen und muss mit anhören, dass die Mutter nach der vergeblichen Bemühung, einen alten schweren Kasten wegzuräumen, ihrer Tochter rät, das Zimmer doch in dem Zustand zu erhalten, in dem es früher war. Sie begründet dies damit, dass sie fürchtet, ein Ausräumen des Zimmers würde Gregor nur andeuten, man hätte jede Hoffnung auf Besserung seiner Lage aufgegeben. Sie will, dass er alles unverändert findet, »wenn er wieder zu uns zurückkommt«, nur so kann er »umso leichter die Zwischenzeit vergessen« (37). Angesichts dieser Worte fragt sich Gregor, ob ihn die inzwischen vergangenen zwei Monate schon so verwirrt hätten, dass er sich wünschen könne, seine Wohnung würde in eine Höhle verwandelt. Er meint schließlich selbst, alles müsse doch so bleiben; »die guten Einwirkungen der Möbel auf seinen Zustand konnte er nicht entbehren; und wenn die Möbel ihn hinderten, das sinnlose Herumkriechen zu betreiben, so war es kein Schaden, sondern ein großer Vorteil« (ebd.). Die Schwester Grete jedoch bleibt bei ihrem einmal gefassten Entschluss, den schweren Kasten und den Schreibtisch aus dem Zimmer zu entfernen, vielleicht – so sinniert Gregor – auch nur aus dem Grund, dass in einen Raum, »in dem Gregor ganz allein die leeren Wände be-

Gregors Zimmereinrichtung

herrschte, wohl kein Mensch außer [ihr] jemals einzutreten sich getraute« (38).

Gregor wird schließlich das Rangieren mit den Möbeln zu viel, er kommt unter dem Leinentuch hervor, irrt durch sein schon fast leer geräumtes Zimmer, sieht an der Wand das Bild der in lauter Pelzwerk gekleideten Dame, kriecht zu dem Bild an der Wand empor und presst sich an das Glas, »das ihn festhielt und seinem heißen Bauch wohltat« (39). Als die Mutter, obwohl Grete sie davon ablenken will, »den riesigen braunen Fleck auf der geblümten Tapete« (40) sieht, schreit sie ein ›Ach Gott, ach Gott!‹ und bricht ohnmächtig auf dem Kanapee zusammen, während Grete Gregor mit erhobener Faust droht. Die Schwester eilt in den Nebenraum, um ein Mittel zu holen, das die Mutter aus der Ohnmacht erlöst, Gregor kriecht hinter ihr her, die Schwester, sich umdrehend, erschrickt, da sie nicht mit Gregors Nähe gerechnet hat, ein Fläschchen mit Arznei fällt ihr aus der Hand, verletzt Gregor im Gesicht, eine ätzende Medizin umfließt ihn. Mit anderen Fläschchen eilt Grete in Gregors Zimmer und verschließt hinter sich die Tür. Mit Selbstvorwürfen, seine Mutter möglicherweise getötet zu haben, bleibt Gregor zunächst vor der Tür zu seinem Zimmer, kriecht dann in dem Nebenzimmer die Wände hoch und fällt schließlich von der Zimmerdecke auf den großen Tisch. In diesem Augenblick läutet es, Grete muss öffnen, der Vater kommt nach Hause, erfasst die Situation, erkennt an Gretes verschrecktem Gesicht, dass etwas passiert sein muss, und fragt: »Was ist geschehen?« Gregor will seinen Vater besänftigen, kriecht zur Tür seines Zimmers, um so zu signalisieren, dass er bereit sei, umgehend wieder sein Zimmer aufzusuchen, denn es ist nicht nötig, ihn »zurückzutreiben« (41), man muss nur die Tür zu seinem Zimmer öffnen. Als Gre-

gor zu dem vor ihm aufgerichteten Vater aufblickt, fragt er
sich, ob dies noch der Mann sei, den er von früher her kenne, »müde im Bett vergraben«, wenn er, Gregor, zu einer
»Geschäftsreise ausgerückt war« (42). Nun erblickt er vor
sich einen Mann, »recht gut aufgerichtet«, in eine »straffe
blaue Uniform mit Goldknöpfen gekleidet, wie sie Diener
der Bankinstitute tragen« (ebd.), denn der Vater hat in der
Zwischenzeit eine solche Anstellung übernommen. Ängst-
lich läuft Gregor dann vor dem Vater her, sie machen mehr-
mals »die Runde um das Zimmer« (43). Gregor befällt
angesichts dieser Anstrengung eine Atemnot. Der Vater
bombardiert ihn schließlich mit Äpfeln, die er aus der Obst-
schale auf der Kredenz nimmt und nach Gregor wirft. Einer
der geworfenen Äpfel dringt in Gregors Rücken ein und
bereitet ihm sofort einen »überraschende[n]
unglaublische[n] Schmerz« (ebd.). Dann wird   *Gregors Wunde*
die Tür seines Zimmers aufgerissen, die Mut-
ter eilt heraus, dem Vater entgegen, und wie Gregor bei
schwindender Sehkraft bemerkt, bittet sie, »die Hände an
des Vaters Hinterkopf« (44) angelegt, um Schonung für
Gregors Leben.

III

Der Apfel bleibt, da ihn niemand zu entfernen wagt, in Gregors Fleisch »als sichtbares Andenken« (44) sitzen und verursacht über einen Monat heftige Schmerzen. Den Vater erinnert diese seinem ›Sohn‹ zugefügte Verwundung daran,
dass Gregor trotz seiner »traurigen und ekelhaften Gestalt«
doch noch ein Familienmitglied ist, demgegenüber es das
Gebot der Familienpflicht ist, »den Widerwillen hinunter-
zuschlucken und zu dulden, nichts als zu dulden« (ebd.). So

lässt man bei Gregor von nun an doch die Wohnzimmertür abends geöffnet, damit er, im Dunkel seines Zimmers liegend und damit den andern unsichtbar, Einblick in das Treiben im Wohnzimmer gewinnt. Dort ist es ruhiger geworden; der Vater, seine Dieneruniform nicht ablegend, schläft bald nach dem Abendessen ein; die Mutter näht feine Wäsche für ein Modegeschäft, die Schwester, die eine Anstellung als Verkäuferin angenommen hat, lernt Stenographie und Französisch. In dieser »abgearbeiteten und übermüdeten Familie« (46) kümmert man sich immer weniger um Gregor. Der Haushalt wird eingeschränkt, das Dienstmädchen entlassen; statt seiner aber eine »riesige knochige Bedienerin« (ebd.) für einige Stunden am Morgen und Abend eingestellt, um zumindest die schwersten Arbeiten zu erledigen. Einige Familienschmuckstücke werden entäußert; die Wohnung erscheint zu groß, aber man weiß auch nicht, wie man bei einem Umzug Gregor mit umsiedeln könnte. Letzteres aber ist nicht der ausschlaggebende Grund, warum man nicht in eine kleinere Wohnung umzieht; »was die Familie hauptsächlich vom Wohnungswechsel abhielt, war vielmehr die völlige Hoffnungslosigkeit und der Gedanke daran, dass sie mit einem Unglück geschlagen war, wie niemand sonst im ganzen Verwandten- und Bekanntenkreis. Was die Welt von armen Leuten verlangt, erfüllten sie bis zum Äußersten, der Vater holte den kleinen Bankbeamten das Frühstück, die Mutter opferte sich für die Wäsche fremder Leute, die Schwester lief nach dem Befehl der Kunden hinter dem Pulte hin und her« (46 f.).

Gregor, Nächte und Tage fast schlaflos verbringend, spielt zum einen in Gedanken durch, ganz so wie früher die Angelegenheiten der Familie in die Hand zu nehmen, zum andern schmiedet er Pläne, die Speisekammer zu stürmen und sich dort zu nehmen, was »ihm immerhin gebührt« (47), denn die Schwester schiebt nur noch ohne jede Aufmerksamkeit morgens in Gregors Zimmer eilends irgendeine Speise herein, die sie am Abend hinauskehrt, ganz gleich, ob Gregor davon gegessen oder sie unberührt gelassen hat. Gregors Zimmer verdreckt immer mehr. Nur einmal hat die Mutter den Raum einer gründlichen Reinigung unterzogen, was der Schwester wiederum Weinkrämpfe bereitet, da sie der Mutter die Pflege Gregors nicht überlassen will. Eigentlich könnte man seine Versorgung ganz der neu eingestellten Bediensteten überlassen, denn sie ist ausgesprochen robust. Auf den ersten Anblick Gregors reagiert sie nur mit Staunen, die Hände im Schoß gefaltet. Sie ruft ihn dann sogar zu sich mit den Worten: »Komm mal herüber, alter Mistkäfer!« (49), worauf sich Gregor jedoch nicht einlässt. Durch solche Redensarten provoziert, will Gregor sich einmal erbittert gegen die Bedienerin wenden. Diese aber fürchtet sich nicht, hebt einen Stuhl empor und will ihn nach Gregors Rücken werfen. Gregor wendet sich daraufhin von ihr ab.

Gregor isst nun fast gar nichts mehr. Sein Zimmer beherbergt nur noch jene Gegenstände, die aus anderen Räumen entsorgt werden mussten, da man an drei Herren ein Zimmer der Wohnung untervermietet hat. Diese sind peinlichst auf Ordnung

Die Untermieter

auch außerhalb ihres gemieteten Zimmers bedacht. Wenn die Zimmerherren ihr Abendessen zu Hause im Wohnzimmer gemeinsam mit der Familie Samsa einnehmen, bleibt Gregors Tür verschlossen. Er verzichtet dann darauf, die Tür zu öffnen, zumal er selbst bei geöffneter Tür, ohne dass es der Familie weiter aufgefallen wäre, sich in letzter Zeit sogar häufiger in die hinterste Ecke seines Zimmers verkrochen hat.

Eines Abends hat die Bedienerin vergessen, die Tür zu Gregors Zimmer zu verschließen. Gregor beobachtet, wie die Zimmerherren essen, seine Schwester spielt nach langer Zeit in der Küche wieder auf der Violine. Darauf aufmerksam geworden, bitten die Zimmerherren Grete, mit ihrem Violinspiel in das Wohnzimmer zu kommen. Von dem Spiel der Schwester angelockt, wagt sich Gregor mit seinem Kopf bis ins Wohnzimmer. Er beobachtet, wie sich die Zimmerherren, die sich nun plötzlich uninteressiert an der Darbietung der Schwester zeigen, vom Notenpult immer mehr in die Richtung eines Fensters zurückziehen. Gregor dagegen ist von dem Spiel der Schwester aufs äußerste fasziniert. Er fragt sich, ob er ein Tier sei, »da ihn die Musik so ergriff. Ihm war, als zeige sich ihm der Weg zu der ersehnten unbekannten Nahrung« (53). Entschlossen, bis zur Schwester ganz ins Wohnzimmer vorzudringen, gerät er in den Blick der Zimmerherren. Einer von ihnen zeigt entsetzt auf den sich langsam vorwärts bewegenden Gregor. Die Schwester hört auf zu spielen, der Vater will die Zimmerherren beruhigen und versucht, sie mit ausgebreiteten Armen aus dem Zimmer hinauszudrängen. Sie werden böse, als der Vater sie immer energischer herausdrängt. Mit dem Fuß donnernd auf den Boden stampfend, kündigt zunächst der mittlere der Herren seine Unterkunft bei den Samsas, seine beiden Freunde schließen sich ihm an, auch sie sprechen ihre Kündigung aus und verschwinden in ihrem Zimmer.

Gregor, in diesem Augenblick völlig bewegungsunfähig, erwartet »für den nächsten Augenblick einen allgemeinen über ihn sich entladenden Zusammensturz« (56). Grete findet als erste die Worte wieder. Energisch sagt sie: »Liebe

Das Violinspiel der Schwester

Eltern [...] so geht es nicht weiter. Wenn ihr das vielleicht nicht einsehet, ich sehe es ein. Ich will vor diesem Untier nicht den Namen meines Bruders aussprechen, und sage daher bloß: wir müssen versuchen, es loszuwerden. Wir haben das Menschenmögliche versucht, es zu pflegen und zu dulden, ich glaube, es kann uns niemand den geringsten Vorwurf machen« (56).

Der Vater findet, seine Tochter habe »tausendmal Recht«; die Mutter, noch atemlos durch die Ereignisse, verfällt »mit einem irrsinnigen Ausdruck der Augen« (ebd.) in einen dumpfen Husten. Die Schwester bekräftigt nochmals ihren Entschluss mit den Worten: »Wir müssen es loszuwerden suchen. [...] es bringt euch noch beide um« (ebd.), um dann in Weinen auszubrechen. Der Vater bleibt in seiner Zustimmung noch vorsichtig, da er nicht weiß, ob Gregor sie nicht doch verstehen könne. Grete weist diesen Gedanken ab und rät dazu, sich von der Vorstellung zu befreien, dass »dieses Tier« (57) Gregor sei.

Gregor kriecht mühsam in sein Zimmer zurück. Die andern schauen ihn »schweigend und traurig« (58) an, wie er bei einem letzten Zurückblicken beobachtet. Sobald er aber sein Zimmer erreicht hat, wird eilends die Tür hinter ihm von der Schwester zugedrückt, festgeriegelt und versperrt.

Gregor kann sich fast gar nicht mehr bewegen, den verfaulten Apfel in seinem Rücken bemerkt er so gut wie gar nicht mehr, auch die Schmerzen, die seinen ganzen Körper durchziehen, scheinen nachzulassen. Er selbst meint, noch entschiedener als die Schwester, dass er verschwinden müsse. »In diesem Zustand leeren und friedlichen Nachdenkens blieb er, bis die Turmuhr die dritte Morgenstunde schlug. Den Anfang des allgemeinen Hellerwerdens draußen vor dem Fenster erlebte er noch. Dann sank sein Kopf

Gregors Tod

ohne seinen Willen gänzlich nieder, und aus seinen Nüstern strömte sein letzter Atem schwach hervor« (59).

Am nächsten Morgen entdeckt die Bedienerin den toten Gregor, als sie mit dem Besen den leblosen Körper zu kitzeln versucht und sich nichts mehr rührt. »Sehen Sie nur mal an, es ist krepiert; da liegt es, ganz und gar krepiert« (ebd.), so informiert sie die Familie von Gregors Tod. Herr Samsa dankt Gott (»Jetzt können wir Gott danken«, 60), bekreuzigt sich, und alle drei Frauen folgen ihm hierin. Die Eltern bitten ihre Tochter, sich ein Weilchen zu ihnen ins elterliche Schlafzimmer zu setzen. Die drei Zimmerherren verlangen nach ihrem Frühstück, die Bedienerin führt sie in Gregors Zimmer und zeigt ihnen Gregors Leiche. Herr Samsa, seine Frau und Grete kommen hinzu. Herr Samsa bittet die Herren, unverzüglich seine Wohnung zu verlassen, was diese auch nach einigem Zögern tun. Die Familie Samsa schaut ihnen noch im Treppenhaus nach, kehrt dann in die Wohnung zurück und beschließt, den Tag zum »Ausruhen und Spazierengehen zu verwenden« (62). Noch während sie alle drei an ihre Arbeitgeber Entschuldigungen für das Fernbleiben an diesem Tag schreiben, erklärt ihnen die Bedienerin, sie müssten sich keine Sorgen um die Entfernung des »Zeug[s] von nebenan« (67) machen: »Es ist schon in Ordnung« (ebd.). Herr Samsa wehrt sie ab, weil er beim Schreiben nicht weiter gestört werden will. Die Bedienerin verlässt daraufhin unter heftigem Türenschlagen die Wohnung. Herr Samsa äußert, er wolle sie noch abends entlassen, erhält aber von seiner Frau und seiner Tochter keinerlei Zustimmung. Als alle drei ihre Briefe beendet haben, verlassen sie »gemeinschaftlich die Wohnung, was sie schon seit Monaten nicht getan hatten und fuhren mit der Elektrischen ins

Freie vor die Stadt« (63). In der Straßenbahn besprechen sie die Aussichten für die Zukunft, »und es fand sich, dass diese bei näherer Betrachtung durchaus nicht schlecht waren, denn alle drei Anstellungen waren [...] überaus günstig und besonders für später viel versprechend« (ebd.). Man will außerdem die Wohnung wechseln und gegen eine kleinere und billigere, aber besser gelegene eintauschen. Und dem Ehepaar Samsa fällt auf, als sie zu ihrer Tochter hinüberblicken, wie diese »zu einem schönen und üppigen Mädchen aufgeblüht war« (ebd.). Für sie soll ein »brave[r] Mann« (ebd.) gesucht werden. »Und es war ihnen wie eine Bestätigung ihrer neuen Träume und guten Absichten, als am Ziele ihrer Fahrt die Tochter als Erste sich erhob und ihren jungen Körper dehnte« (ebd.).

3. Personen

Die Anzahl der Personen in der Erzählung ist auf nur wenige beschränkt. Sie alle sind um Gregor gruppiert. Er steht im Zentrum, um ihn herum bewegen sich die Familienmitglieder: der Vater, die Mutter, die Schwester. Hinzu kommen Dienstmädchen, die bei den Samsas angestellt, aber auch bald wieder entlassen werden, schließlich drei Zimmerherren als Untermieter und der Prokurist aus Gregors Firma, der am ersten Morgen sich bei den Samsas nach Gregors Verbleiben erkundigt.

Alle Familienmitglieder nehmen gegenüber Gregor eine ambivalente Stellung ein; sie sind ihm nicht eindeutig zu- oder abgeneigt, soweit man es den Aussagen aus der Perspektive Gregors entnehmen kann, die den Text prägen.

Vater. Benno von Wiese vertritt die Meinung, Gregor finde im Vater den »Urfeind, der ihn am liebsten vernichten möchte«[7]. Dies ist eine Sicht auf den Vater, die vor allem durch den Blick auf Kafkas *Brief an den Vater* gelenkt und wohl auch verengt ist. Ebenso meint Reinhard Meurer, der Vater nehme »den Charakter einer archetypischen Imago an«[8]. Pfeiffer pflichtet dem bei, wenn er schreibt: »Auch hier hat der Vater etwas von der ängstigenden Unberechenbarkeit«[9], die »alle Tyrannen haben, deren Recht auf ihrer Person, nicht auf dem Denken begründet ist«[10], wie es im *Brief an den Vater* heißt. Der *Brief* lässt ein ähnliches Beziehungsklima und ähnliche Beziehungsstrukturen, allerdings neben deutlichen Abweichungen, erkennen. Er unterstellt dem Vater folgende Ansicht über den Sohn: »Statt dessen habe ich mich seit jeher vor Dir verkrochen, in mein Zimmer, zu Büchern, zu verrückten Freunden, zu überspannten Ideen, offen gesprochen habe ich mit Dir niemals [...], auch sonst nie Familiensinn gehabt, um das Geschäft und Deine sonstigen Angelegenheiten habe ich mich nicht gekümmert, die Fabrik habe ich Dir aufgehalst und Dich dann verlassen.«[11]

Der Gregor der *Verwandlung* findet sich in völliger Unterlegenheit gegenüber dem Vater. »Nicht einmal die Tatsache, daß der Vater ihn hintergangen hat, indem er eine wirtschaftliche Notlage vorspiegelte, die real gar nicht existierte, löst in ihm feindselige Gefühle aus«[12] oder lässt ihn gegen den Vater aufbegehren. »Der Vater geht gar nicht auf den Käfer ein. Er hält rigoros und völlig abstrakt an der Verantwortlichkeit des Sohnes für seinen gegenwärtigen Zustand fest und verfolgt ›seine fixe Idee‹ so, als ob es für Gregor ›kein Hindernis‹ gäbe. Er ignoriert die neue Gestalt Gregors.«[13]

Die Überlegenheit des Vaters

Sicherlich ist der Vater die dominierende Figur der Familie, aber durch den geschäftlichen Misserfolg hat er zunächst einmal die Stelle des Familienoberhauptes indirekt an seinen Sohn abtreten müssen, denn er konnte nicht mehr den Familienunterhalt als der ›Familien-Ernährer‹ erarbeiten. Gregor ist an seine Stelle gerückt, der Vater selbst zeitweilig zum senilen Greis degeneriert, der aber nun wieder durch die veränderte Situation, Gregors Verwandlung in ein Ungeziefer, eine berufliche Anstellung übernehmen muss und mit seiner neuen Uniform auch etwas von seiner alten Dominanz und ›Würde‹ zurückgewinnt. Der Vater entwickelt sich also aus einem »senilen Greis, der ›müde im Bett vergraben‹ oder hinter der Zeitung dahindämmerte, zurück

zum uniformierten, lebenskräftigen und berufstätigen Patri-
archen, der ›wütend und froh‹ gegen den Sohn als einen Ein-
dringling zu Felde zieht«[14]. Bezeichnend für den Vater ist,
dass er »seinerseits die Kommunikation auf Drohgebärden
und tierisch wirkendes Zischen beschränkt. Durch den
Rückfall ins Non-Verbale nimmt das Bild des Vaters barba-
risch-urtümliche Züge an, zumal er mit einem ›Wilden‹ verglichen wird.«[15] Er demonstriert mit der Faust unerbittliche
Strenge und ist doch auch zu Tränen gerührt, sodass es ›seine mächtige Brust schüttelte‹. »Er gibt sich [einerseits] entschlossen und ist [andererseits] zugleich ratlos. Er überragt
den ›Käfer‹ in jeder Hinsicht und hat doch an seiner Hinfäl-
ligkeit teil.«[16]

Mutter. Wie der Vater weist auch die Mutter keine Eindeutigkeit in der Figurenzeichnung auf. Sie verändert sich
mehrfach. Zunächst ist sie eine bemühte, aber hilflose, in
Ohnmacht fallende Person, die dann aber zu einer Beschüt-
zerin ihres Kindes wird, um schließlich wieder in eine
schläfrige Hilflosigkeit zurückzufallen. »Bei [ihr] ist das
Grauen vor dem Insekt am größten. Aber in diesem
Grauen lebt wenigstens das Bewußtsein von der Identität
des entstellten Sohnes fort«[17], während andere Personen
nicht mehr bereit sind, in dem Insekt den Bruder oder
Sohn zu erkennen. Allerdings ist die Mutter bei aller
Sympathie für den Sohn nicht in der Lage, das Ausmaß
seiner Veränderung ganz zu erfassen. »Wie sie das Er-
wachsenwerden Gregors ignoriert und den Sohn weiterhin wie ein Kind behandelt, so verschließt sie auch die
Augen vor der Verwandlung, die ihn für immer von ihr
entfernt.«[18]

Schwester. Gregor liebt sie vor allen anderen Familienmitgliedern. Er will ihr eine künstlerische Ausbildung ermöglichen, weil sie neben Gregor die Einzige in der Familie ist, die Sinn für Musik hat. Entsprechend lässt sich auch bei Grete die größte Zuneigung für den in ein Insekt verwandelten Bruder erkennen, sie bleibt auch lange Zeit die wichtigste Person, die sich um ihn bemüht und sorgt und für ihn denkt und handelt. Aber es ist durchaus bei ihr auch der »Wunsch nach Besitzergreifung spürbar, wenn sie sich zur ausschließlichen Helferin und Wärterin Gregors aufwirft«[19].

> Sie macht im Laufe der Erzählung jedoch ebenfalls eine (Ver-)Wandlung durch: »Während sie anfangs noch eine potentielle Erlöserin zu sein scheint (sie ist diejenige, die Gregor mit Speise versorgt), tritt sie am Schluß als Richterin auf, die das Urteil spricht.«[20] Es ist die Schwester, die am Ende Gregors Vernichtung fordert, »weil sie bei aller Rücksicht auf seine animalischen Bedürfnisse in dem ›Untier‹ nicht mehr ihren Bruder sehen kann«[21]. (Interpreten, die Kafkas *Verwandlung* unter biographischen Gesichtspunkten einer Deutung unterziehen, weisen darauf hin, dass Kafka eine sehr enge Beziehung zu seiner Schwester Ottla hatte. Diese muss Kafka kurz vor der Niederschrift der Erzählung hart zurückgewiesen haben, sodass die Interpreten in der Anlage der Figur der Schwester einen Niederschlag dieses für Kafka traumatischen Erlebnisses glauben sehen zu können.)

Drei Zimmerherren und der **Prokurist.** Diese Figuren wirken in ihrer Steifheit wie Karikaturen. Der Prokurist ist eine Marionette und der verlängerte Arm des Chefs, der unter dem Deckmantel der Freundlichkeit handfeste Drohungen ausspricht.²² Die drei Zimmerherren, aus finanziellen Gründen als Untermieter bei den Samsas in dem Augenblick aufgenommen, als Gregors Gehalt zur Finanzierung des Familienunterhalts wegfällt, treten grundsätzlich als »unzertrennliche, ununterscheidbare Trias auf, wobei lediglich der mittlere Herr dieser symmetrischen Gruppe als Sprachrohr der Gruppe hervorsticht«²³. Sie alle haben, was man eine »spießbürgerliche Mentalität«²⁴ nennen könnte. Sie haben keinen Sinn für die Musik, und wo Gregor sich nach der unbekannten Speise sehnt, geben sie sich mit großem Appetit den fleischlichen Genüssen hin: »Sonderbar schien es Gregor, dass man aus allen mannigfachen Geräuschen des Essens immer wieder ihre kauenden Zähne heraushörte, als ob damit Gregor gezeigt werden sollte, dass man Zähne brauche, um zu essen, und dass man auch mit den schönsten zahnlosen Kiefern nichts ausrichten könne« (51).

Bedienerin. Die Familie ist um das Dienstmädchen erweitert, das im Verlauf der Erzählung zweimal durch ein neues ersetzt wird. Das erste Dienstmädchen bittet um Entlassung; ein zweites Dienstmädchen bedingt sich aus, die Küche »unaufhörlich versperrt halten zu dürfen« (36), und wird schließlich entlassen; das dritte Dienstmädchen ist die alte, ganz und gar resolute, durch nichts zu erschütternde Bedienerin.²⁵ Sie, eine »alte Witwe« (49), empfindet keinen Ekel vor dem zum Insekt verwandelten Gregor. Sie sieht in dem Käfer nur ein ›Ding‹, Unrat, den es zu entsorgen gilt. Sie wird als eine Person beschrieben, die mit weißem, den Kopf umflatterndem Haar zwar alt ist, aber dennoch die schwersten Arbeiten im Haushalt der Samsas zu leisten hat und auch leisten kann (46).

4. Werkaufbau

Die *Verwandlung* gehört zu den längeren Prosatexten Kafkas. Er hatte wohl ursprünglich eine kürzere Erzählung, die sich in einem Zug herunterschreiben ließ, geplant, doch dann verlief der Erzählvorgang viel zähflüssiger, als es sich Kafka gedacht hatte, und es entstand eine mehrgliedrige Erzählung. Kafka teilte sie in drei Kapitel ein, wobei die einzelnen Kapitel vom Seitenumfang etwa gleich lang sind.

Kapitelaufbau

Die einzelnen Kapitel haben einen vergleichbaren Aufbau:

> »Jeder Teil wird eingeleitet durch einen Ausbruchsversuch Gregors und endet in einer gesteigerten Erfahrung der Ausgrenzung und Zurückweisung durch die Familie«[26] oder in anderen Worten: »Jedes Kapitel enthält einen Versuch des ›Käfers‹, die Isolation seines Zimmers zu überwinden und in die Räume der übrigen Familie vorzudringen. Jedes endet mit einem Rückzug Gregors und mit schweren Verletzungen des Verwandelten.«[27]
> Die ersten beiden Kapitel beginnen jeweils mit Gregors Erwachen und enden mit den Gregor zugefügten Verwundungen, am Beginn des dritten Kapitels wird wiederum Gregors schwere Verwundung erwähnt, es endet mit Gregors Tod, der Beseitigung des Kadavers und dem Ausflug, den die drei übrig gebliebenen Familienmitglieder »mit der Elektrischen ins Freie vor die Stadt« (63) unternehmen.

Auch durch den jeweiligen thematischen Schwerpunkt, der sich ausmachen lässt, strukturieren sich die drei Kapitel:

Im ersten Kapitel geht es wesentlich um Gregors Auseinandersetzung mit den widersprüchlichen Bedingungen
seiner Lebensweise, seines neuen und seines bisherigen
Daseins. Das erste Kapitel thematisiert dabei ausführlich
Gregors Verhältnis zu seinem Beruf als Handlungsreisen-
der; zahlreiche Informationen zur beruflichen Situation
des Angestellten werden durch Gregors Selbstreflexion
und – indirekt – durch seine Rede an den Prokuristen ge-
liefert. »Dabei ist das Dilemma seiner ›Käfer‹- Existenz
nicht von dem des Reisenden zu trennen, so radikal der
Umbruch auch anmuten mag. […] Der Beruf ist im zweiten Kapitel in den Hintergrund gerückt. Es kommen stärker die Beziehungen zu den einzelnen Familienmitgliedern zum Vorschein.«[28] Es ist unter anderem die Rede von
den Vermögensverhältnissen der Familie, dem geschäftlichen Zusammenbruch des Vaters und Gregors Versuchen
zur Sanierung der Familiensituation. »Im dritten Kapitel
schwindet dann Gregors Interesse, am Leben der Familie
teilzuhaben. Er bewegt sich selbst in Richtung Musik
und Tod. In gewisser Hinsicht ist die Verwandlung des
Gregor Samsa auch als die Geschichte seines Sterbens zu
lesen.«[29]
Ein weiteres, gliederndes Strukturmerkmal der Erzählung neben den ›anaphorischen‹ Kapitelanfängen und
-enden und den thematischen Schwerpunkten ist auch
die fortschreitende Verwandlung Gregors, wie sie sich in
seinem Bewusstsein, aber auch in der Wahrnehmung der
anderen Personen vollzieht. »Denn die anfängliche Verwandlung in ein ungeheures Ungeziefer erscheint zunächst nur als äußere Veränderung der Körpergestalt, die
von Gregors Bewusstsein erst noch eingeholt werden
muss. Gregor erlebt in der ersten Phase eine grundlegen-

de Verunsicherung seiner Identität: Äußerlich ist er zum Tier geworden, in seinem Bewusstsein ist er weiterhin ein Mensch.«[30] Wie weit jedoch Gregor in der veränderten Situation eine neue Identität erlangen bzw. wie weit er äußerliche Erscheinung und Denken miteinander in Einklang bringen kann, bleibt offen bis zum Schluss.

Zeit. Unter dem Aspekt der zeitlichen Gestaltung kann man folgende Beobachtung machen: Zeitdehnende und zeitraffende Passagen mischen sich.

> *Zeitdehnung und -raffung*

Kapitel I berichtet nur von den ersten zwei Stunden im Leben des verwandelten Gregor Samsa. Kapitel II beginnt noch am Abend des gleichen Tages und umfasst eine Handlungszeit von rund zwei Monaten, was aus der Bemerkung hervorgeht, dass der »Mangel jeder unmittelbaren menschlichen Ansprache, verbunden mit dem einförmigen Leben inmitten der Familie, im Laufe dieser zwei Monate seinen [Gregors] Verstand hatte verwirren müssen« (37). Die Ausräumaktion, Gregors Ausbruchsversuch und das Äpfelbombardement werden dagegen innerhalb des zweiten Kapitels ausführlich geschildert. Das dritte Kapitel, so ist seinem ersten Satz zu entnehmen, der sich nochmals auf die Wurfaktion mit dem Apfel am Ende des zweiten Kapitels zurückbezieht, setzt dann einen Monat später ein: »Die schwere Verwundung Gregors, an der er über einen Monat litt – der Apfel blieb, da ihn niemand zu entfernen wagte, als sichtbares Andenken im Fleische sitzen« (44). Die Geschichte von Gretes Violinspiel und Gregors drittem Ausbruchsversuch wird dann wieder ausführlich innerhalb des dritten Kapitels erzählt. »Für Gregors Sterben und Tod (gerechnet vom Vernichtungswunsch der Schwester an) beansprucht Kafka immerhin sechs Seiten.«[31]

Insofern wird in der Erzählung die chronologische Reihenfolge eingehalten, aber zugleich doch auch durchbrochen, wenn man bedenkt, dass immer wieder Teile der Vorgeschichte Gregors, vor allem seine berufliche und die familiäre finanzielle Situation betreffend, in sie integriert sind.

Raum. Erzählerische Konzentration findet sich auch in Bezug auf den Raum; sie ist hier vielleicht noch extremer ausgebildet, denn das Geschehen spielt sich innerhalb einer Wohnung und dann vorwiegend nur in zwei Räumen dieser Wohnung ab: dem Zimmer Gregors und dem angrenzenden Wohnzimmer der Familie. Die einzige Verbindung zur außerfamiliären Welt ermöglicht das Fenster in Gregors Zimmer, an dem er zuweilen lehnt, um »aus dem Fenster zu schauen«, obwohl er »von Tag zu Tag die auch nur ein wenig entfernten Dinge immer undeutlicher« (32 f.) sieht, und die Treppe, über die Gregor aber innerhalb der Erzählung niemals die elterliche Wohnung verlässt. Somit spielt die Erzählung in einem geschlossenen, eng umgrenzten Raum, »der freilich durch die Fenster und die Türen Öffnungsmöglichkeiten bietet. [...] Gregors Raumsituation wird so zu einer Situation der Gefangenschaft, in der nicht nur die Reduzierung der Bewegungsfreiheit, sondern auch die soziale Isolation und der Kommunikationsverlust zum Ausdruck kommen.«[32]

Das Zimmer als Gefängnis

Die Tür des Zimmers bzw. die Außentür der Wohnung werden zu Schwellen in die Außenwelt, zu Grenzscheiden. Jenseits der Tür leben die anderen, aus deren Welt sich Gre-

gor ausgegrenzt fühlt. Wagt er, die Schwelle zu übertreten,
sich ›neue‹ Freiheiten zu erkämpfen, wird er in seinen Raum
zurückgedrängt, sei es mit dem Stock, sei es mit einem Bom-
bardement von Äpfeln. Aber selbst in seinem eigenen
Zimmer verengt sich für Gregor der Bewegungsspielraum
immer mehr. Schließlich versteckt er sich, um sich den
Blicken der Familie zu entziehen, unter sein Kanapee und
zieht noch ein Leinentuch über sich, um sich so ganz
zu verbergen und die Mitglieder seiner Familie seines
Anblicks zu entheben. So wird das Zimmer zu Gregors
Gefängnis und gleichzeitig zum Raum des Rückzugs, den
man auch als Rückentwicklung bzw. Regression aus dem
Menschen-Raum verstehen kann.

Reinhard Meurer arbeitet in seiner Interpretation noch
einen anderen Aspekt der Raumsituation heraus: »Gregors
Zimmer liegt im Schnittpunkt der innerfamiliären Kraftli-
nien. Es hat drei Türen, die im ersten Kapitel offenbar die
drei unterschiedlichen Kommunikationskanäle zu den drei
Bezugspersonen symbolisieren, zur Mutter am Kopfende,
rechts zur Schwester, links zum Vater. Die Türen sind in der
Regel verschlossen. [...] In der zweiten Phase sind die Türen
anfangs von außen verschlossen, dann aber geht die Schwester dazu über, täglich Gregors Zimmer aufzusuchen – einmal begleitet von der Mutter. [...] In der dritten Phase wird
der Kontakt zur Menschenwelt nur durch die Bedienerin
[...] aufrechterhalten. [...] Im Verlauf der Handlung wird
Gregors Bewegungsradius immer kleiner, schließlich versteckt er sich im innersten Winkel des Zimmers, unter dem
Kanapee, und zieht ein leichentuchartiges Leinen über die
Öffnung seines unbequem engen und finsteren Aufenthalts-
platzes, der einem Sarg nahe kommt.«[33]

Die beiden ersten Abschnitte

Kafka setzt mit dem ersten Satz seiner Erzählung die Verwandlung als eine Tatsache voraus: »Als Gregor Samsa eines Morgens aus unruhigen Träumen erwachte, fand er sich in seinem Bett zu einem ungeheuren Ungeziefer verwandelt« (5). Mehrerlei ist an diesem Eingangssatz bemerkenswert: Es ist nicht die Rede davon – wie man eigentlich erwarten würde –, dass Gregor Samsa sich als ein Ungeziefer träumt, im Gegenteil, es ist genau umgekehrt: er erwacht aus unruhigen Träumen und findet sich dann als ein ungeheueres Ungeziefer vor. Zum andern: Es heißt nicht, er sei ein Ungeziefer, sondern es ist die Rede davon, dass er sich als ein ungeheures Ungeziefer vorfindet; genauer ›zu einem ungeheueren Ungeziefer verwandelt‹ fand. Das heißt: Es ist ein reflexiver Akt; Gregor findet sich als Objekt (vor). Er reflektiert auf sich als ein zu einem ungeheueren Ungeziefer Verwandelter; oder er erkennt sich selbst als ein ungeheueres Ungeziefer. Etwas ist mit ihm geschehen: er ist verwandelt worden, und das, in das er verwandelt wurde, bezeichnet er als ein ›ungeheueres Ungeziefer‹. Man könnte auch sagen: er interpretiert das, was er vorfindet, als ein ›ungeheueres Ungeziefer‹. So kommt es, dass der erste Satz changiert zwischen einer Aussage, die als objektive Aussage gelten muss, zugleich ist die Realität als Interpretation zu

Uneindeutig-keiten

verstehen: ›als ein ungeheueres Ungeziefer‹ sieht sich Gregor Samsa selbst an. Und diese Ungewissheit zwischen objektiver Aussage und Wiedergabe einer subjektiv verengten Sichtweise zieht sich im Grunde durch die gesamte Erzählung. »Die Verwandlung geht der Erzählung als fait accompli voraus, ist gleichsam die Prämisse, die diese Art der epischen Darstellung erlaubt, nämlich eine Differenzierung in zwei Ebenen der Realitätswahrnehmung.«[34]

Was die dem ersten Satz folgenden Sätze so merkwürdig macht, ist die Enttäuschung der durch den ersten Satz gesetzten Erwartungen. Da sich Gregor Samsa als zu einem ungeheuren Ungeziefer verwandelt (vor)findet, erwartet der Leser eigentlich, dass sich Gregor darüber verwundert oder zutiefst erschrocken ist und unmittelbar danach fragt, wie und warum es zu dieser Verwandlung gekommen ist. Aber die folgenden Sätze bzw. die ganze Erzählung lässt den Leser hier ohne klare Antwort. Es ist die auffälligste ›Leerstelle‹ des Textes, die zu füllen der Leser immer weiter liest und die bis zum Ende hin unbeantwortet, leer bleibt.

Die folgenden Sätze sagen nur aus, dass Gregor auf seinem panzerartig harten Rücken liegt, er an sich selbst hinuntersieht und so seinen Bauch erblickt, auf dem sich kaum noch die Decke halten kann. Er beobachtet die Hilflosigkeit seiner kleinen dünnen Beinchen. Aber all das veranlasst ihn lediglich zu der Frage »Was ist mit mir geschehen?«. Und statt eine klare Antwort folgen zu lassen, folgt nur die Feststellung: »Es war kein Traum« (ebd.), und wie zur Vergewisserung, dass es eben kein Traum ist, versichert sich Gregor, dass er noch in seinem kleinen Zimmer zwischen den »wohlbekannten Wänden« liegt. Er sieht den Tisch mit der ausgebreiteten Warenkollektion, das Bild mit der Dame in Pelz, und schließlich richtet er sein Augenmerk auf das Fenster, um dann angesichts des trüben Wetters, das ihn melancholisch stimmt, zu beschließen, noch ein wenig im Bett zu bleiben. »Wie wäre es, wenn ich noch ein wenig weiterschliefe«. »[Gregor] ist bestürzt und fassungslos, aber sein

Entsetzen bezieht sich weniger auf die Wahrnehmung seiner ungeheuren Gestalt als vielmehr auf das Faktum, daß er zum ersten Mal verschlafen hat.«[35] In der Regel klären sich derartige Schwebezustände durch die Fortsetzung der Lektüre auf. Das ist hier nicht der Fall. Die ersten Abschnitte erzählen zwar von Gregors intellektueller Verarbeitung seiner Selbstbeobachtung, indem er ansatzweise nach Rationalisierungen sucht und sie auch mehr oder weniger findet, aber dann doch im Diffusen belässt. Gregor ist sich »der Tragweite und Einzigartigkeit seiner Verwandlung offensichtlich nicht bewußt, denkt, sie sei zu behandeln wie eine vorübergehende Unpässlichkeit«.[36] Was er sieht und denkt, tut er dann als »Narrheiten« (5) ab, die er vergessen will. Obwohl bis zu dieser Textstelle klar von dem zum Tier verwandelten Gregor Samsa gesprochen wird, erscheint plötzlich die Verwandlung als »Narrheit«, als Täuschung, über die nur noch einmal zu schlafen ist; aber sogleich stellt sich wieder die Härte der Verwandlung ein, denn Samsa kann nicht einschlafen, der Tierleib erlaubt es ihm nicht, sich auf die rechte Seite zu drehen, eine für Samsa notwendige Einschlafposition.

Bezeichnet man die Erzählung Kafkas als ›Novelle‹, so wäre dies insofern berechtigt, als sie eine ›unerhörte Begebenheit‹ aufzuweisen hat, falls man dies als ein für die Novelle unverzichtbares bzw. konstitutives Merkmal ansieht.

Unerhörte Begebenheit

Diese ›unerhörte Begebenheit‹ liegt aber vor dem Beginn der Erzählung und nicht in deren Zentrum: Die Verwandlung hat bereits stattgefunden, wenn die Erzählung einsetzt. Zugleich lebt die Novelle davon, dass sie Spannung erzeugt, indem sie keine Erklärung für diese unerhörte Begebenheit gibt, geschweige denn sie rechtfertigt.

> »Das unerhörte Ereignis der Verwandlung ist der poeto-
logische Kunstgriff Kafkas, der selbst nicht pragmatisch
gerechtfertigt oder ›erklärt‹ werden muß.«[37]

In Kafkas *Verwandlung* wird das Unerhörte nicht durch
eine neu eingeführte Ursache nachträglich ›erklärt‹. Solche
Erklärungen nachzuschieben, setzt sich so manche Interpretation dann allerdings zum Ziel: Eine »Vielzahl von Interpreten ist damit beschäftigt, einen Grund für Gregors
Verwandlung zu finden, sei es bei ihm selbst, bei der Familie
oder bei den ›gesamtgesellschaftlichen Verhältnissen‹. Die
Frage, wer an der Verwandlung ›schuld‹ sein soll, läuft häufig darauf hinaus, sie als Strafe zu verstehen, obwohl es
einem unbefangenen Leser schwerfallen dürfte, hier eine
Instanz zu finden, die diese Strafe der Verwandlung ver-
hängt haben könnte. Daher wird oft eine Selbstbestrafung
Gregors behauptet [...]. Bei dieser exegetischen Konstruk-
tion leistet das [...] Unbewusste Gregors gute Dienste. Es
soll die strafende Instanz darstellen.«[38]

Erzählperspektive

Für die die *Verwandlung* beherrschende Erzählperspektive
gilt, was über die Erzählperspektive bei Kafka immer wieder
festgestellt worden ist und woraus seine Romane und Erzählungen für den Leser ihren besonderen Reiz gewonnen
haben: Kafka lässt seinem fiktiven Erzähler keinen Raum
neben oder über den Gestalten, er räumt ihm keine Distanz,
geschweige denn die Möglichkeit einer Erklärung, Kom-
mentierung oder Rechtfertigung des erzählten Vorgangs ein.
Es gibt darum bei ihm keine Reflexion über die Gestalten und über deren Handlungen oder Gedanken. Denn

Kafka verwendet, wenn man es in der gebräuchlichen literaturwissenschaftlichen Sprache formulieren will, die ›personale Erzählsituation‹, in der das Geschehen quasi mit den Augen einer beteiligten Person gesehen wird, die indes nicht als ›Ich‹ erscheint, sondern als personales Medium in der 3. Person steht. Die Erzählperspektive ist dabei auch in ihrer Richtung bzw. Weite festgelegt: Erzählt wird, was das personale Medium von seinem Standpunkt aus wahrnehmen, was es wissen kann. Kurz: In der *Verwandlung* herrscht jene Erzählhaltung vor, die Friedrich Beißner, einer der ersten Kafka-Forscher, das »einsinnige Erzählen« genannt hat.[39]

Einsinniges Erzählen

Die personale Erzählperspektive wird allerdings nicht überall durchgehalten. Im Epilog wechselt Kafka zum ›auktorialen‹ Erzähler über, der nun, nach dem Tod der Zentralgestalt Gregor Samsa, über das Schicksal der Familie Samsa berichtet, d. h., die bislang vorherrschende, personale, figurengebundene Perspektive ist außer Kraft gesetzt. Der Wechsel der Erzählperspektive beschränkt sich aber nicht nur auf den Epilog. An bestimmten Stellen tritt der fiktive, ›auktoriale‹ Erzähler doch wieder in Erscheinung, so z. B., wenn er Gregors erste Gehversuche kommentiert: »Und ohne daran zu denken, dass er seine gegenwärtigen Fähigkeiten, sich zu bewegen, noch gar nicht kannte, ohne auch daran zu denken, dass seine Rede möglicher- ja wahrscheinlicherweise wieder nicht verstanden worden war, verließ er den Türflügel« (21).

Eine weitere Stelle, in der die ansonsten dominante personale, an die Figur Gregors gebundene Perspektive verlassen wird, findet sich im zweiten Kapitel, wenn plötzlich die Sichtweise der Schwester eingenommen wird: Die Schwester bemerkt Gregors neue Lust, quer über Decke und Wände zu kriechen, und sie beschließt, die Möbel aus seinem Zimmer zu schaffen. Dabei heißt es: »Nun war sie aber nicht imstande, dies allein zu tun; den Vater wagte sie nicht um Hilfe zu bitten« (36).

Es ist dieses – wenn auch nur minimale – Schwanken bzw. Changieren in der Erzählhaltung, die den Leser ebenfalls verunsichert, weil sie ihm nicht einen durchgehend festen ›point of view‹ lässt. Ebenso verstört den Leser, dass, »nachdem uns einmal das Unglaubliche zugemutet ist, daß ein Mensch im Handumdrehen sich in einen Mistkäfer verwandle, Kafka für keinen einzigen Zug der weiteren Erzählung noch ein anderes Wunder in Anspruch nimmt«, wie es Oskar Walzel als einer der ersten Leser der Geschichte formulierte.[40] Die Perplexität des Lesers hat ihren Ursprung folglich in der Tatsache, dass Kafkas Erzählung nichts Phantastisches an sich hat, abgesehen von der Verwandlung, die gleich am Anfang als Faktum dargestellt wird, das schon vollzogen ist; »sie handelt in einer realen, genau definierten Sphäre, in der Welt des Kleinbürgertums zu Beginn unseres Jahrhunderts«[41].

Die Handlung scheint »mit einer unerbittlichen Folgerichtigkeit abzulaufen, quasi nach naturwissenschaftlichen Gesetzen. Irritierend ist also, daß das Wunderbare in Kafkas ›Verwandlung‹ etwas Einmaliges, Isoliertes ist, das sich in einem Umfeld ereignet, aus dem ansonsten das Übernatürliche oder Metaphysische völlig verbannt ist.«[42]

5. Wort- und Sacherläuterungen

5,16 **Musterkollektion:** Mustersammlung, Auswahl von Waren.

5,17 **Reisender:** Handelsvertreter.

5,21 **Pelzboa:** ein damals modischer Halspelz für Damen.

5,21 f. **Pelzmuff:** Hülle aus Pelz, dazu gedacht, die Hände zu wärmen.

6,22 **leben wie Haremsfrauen:** hier: leben in Ruhe und Luxus.

7,4 **Weckuhr:** Wecker.

Kasten: Kleiderschrank.

7,7 **dreiviertel:** ein Viertel vor.

7,25 **Krankenkassenarzt:** im Gegensatz zum Privatarzt der wesentlich schlechter angesehene Arzt der Krankenkasse, der für die Kasse arbeitet, bei der der Angestellte Gregor versichert ist.

8,14 **schlürfte:** schlurfte.

11,12 **Überschwung:** Überschlag.

11,29 **Prokurist:** der mit einer Prokura (besonderen Vollmachten) ausgestattete geschäftliche und rechtliche Vertreter einer Firma.

13,11 **bis:** hier: wenn.

14,21 **paradieren:** mit etwas prunken.

14,23 **Inkasso:** Einziehung von Bargeld.

17,7 **Sessel:** bezeichnet in Prag einen Stuhl; für einen Sessel benutzte man den aus dem Französischen stammenden Ausdruck ›Fauteuil‹.

17,33 **förmlich:** hier: geradezu.

18,31 **förmlich:** hier: in fester Form.

19,24 f. **Halten Sie [...] meine Partei:** Halten Sie zu mir.

21,36 **neuerdings:** erneut.

22,12 **Überzieher:** Herrenmantel.

26,4 **Kanapee:** Couch, Sofa.

27,4 **Fetzen:** Putzlappen.

30,1 **Hausmeisterin:** (österreichisch) die Hausbesorgerin, die vom Hausbesitzer beauftragt ist, im Haus für Ordnung und Sauberkeit zu sorgen, vergleichbar der Concierge in Frankreich.

30,7 **Wertheimkassa:** hohe, tiefbraune Kästen der österreichischen Firma Wertheim, viel benutzt zur Aufbewahrung von Geschäftsunterlagen.

30,10: **Vormerkbuch:** Auftragsbuch des Handelsvertreters.

30,23 **Kommis:** Handlungsgehilfe.

30,26 **Provision:** prozentuale Beteiligung am Umsatz oder an der Vergütung einer Dienstleistung.

31,4 **Konservatorium:** hochschulartige Musikschule.

35,26 **Plafond:** Zimmerdecke.

39,17–19 **als Handelsakademiker, als Bürgerschüler [...] als Volksschüler:** Gregors Schullaufbahn in umgekehrter Reihenfolge: Volksschule, Bürgerschule, Handelsakademie.

40,24 **Essenz:** Medizin in flüssiger Form.

43,23 **Kredenz:** Anrichte.

45,5f. **Stenographie:** Kurzschrift.

45,21 **Kleid:** hier: die Uniform.

48,1 **verkostet:** gekostet.

50,10 **Zimmerherren:** Untermieter.

51,20 **mürbe:** weich.

52,2 **Violine:** Geige.

52,24 **Livreerockes:** Uniformrockes.

55,6 **Polster:** Kissen.

55,8 **Aufbetten:** Betten machen.

61,29 **Kleiderrechen:** eine Reihe von Kleiderhaken.
62,3 **Fleischergesellen:** Metzgergesellen.
   Trage: Tragkorb.
62,12f. **Prinzipal:** Geschäftsinhaber.
63,14 **Elektrischen:** elektrischen Straßenbahn.

6. Interpretation

Selbstzeugnisse

»Ich lebe in meiner Familie, unter den besten, liebevollsten Menschen, fremder als ein Fremder« (28. August 1913)[43], so hatte Kafka geschrieben, und Briefstellen wie diese reizen dazu, in die *Verwandlung* Biographisches von Kafka hineinzulesen, denn er behauptete von sich: »Mein ganzes Wesen ist auf Literatur gerichtet« (28. August 1913).[44] Dies Ineinandergreifen von Biographie und Werk legt nahe, auch Kafkas Erzählung *Die Verwandlung* als eine Selbstcharakteristik des Autors zu lesen, in der er sich und seine Stellung innerhalb der Familie ins Metaphorische überträgt. Die Verwandlung ins ›Ungeziefer‹ wird so zur »Selbstbestrafungs- und Entzugsverwandlung«[45]. Unter dem biographischen Aspekt verweisen die Interpreten ebenfalls auf die Erfahrung Kafkas von Anfang Oktober 1912, dass seine Lieblingsschwester Ottla, die sonst immer gegen den Vater zu ihm gehalten hatte, sich auf die Seite der Familie schlug. Im Augenblick der ersten Niederschrift fühlte sich Kafka außerdem – auch darauf weisen die Interpreten hin – von seiner Verlobten Felice Bauer verlassen, denn zwei Tage schon waren ihre Briefe ausgeblieben: »Er war in die Isolation gestoßen, ins Nichts, [...] die Größe seiner Verzweiflung entsprach der Leidensintensität des gänzlich von der Mutter abgetrennten Kindes, oder, wie er Felice später einmal schrieb, eines vom menschlichen Lebenskreis vollkommen ausgeschlossenen Tieres.«[46]

Auszüge aus den Briefen an Felice Bauer lassen den Entstehungsprozess der Erzählung genauer verfolgen und bezeu-

IBRARY, UNIVERSITY OF CHEST

gen, wie sehr Kafka durch die Reflexion auf seine von ihm als trostlos eingeschätzte Situation zum Schreibakt angestachelt wurde. Schon im Zusammenhang mit der Entstehung seiner Erzählung *Das Urteil* hatte er die nächtliche Niederschrift mit einem Geburtsakt verglichen. In seinem Tagebuch heißt es:

Entstehungsprozess der Erzählung

»Die fürchterliche Anstrengung und Freude, wie sich die Geschichte vor mir entwickelte, wie ich in einem Gewässer vorwärtskam. […] Nur so kann geschrieben werden, nur in einem solchen Zusammenhang, mit solcher vollständigen Öffnung des Leibes und der Seele« (Tagebuch, 23. September 1912)[47].

Und einige Monate später findet sich anlässlich der Korrektur des *Urteils* unter dem 11. Februar 1913 folgende Tagebuchnotiz:

»[…] die Geschichte ist wie eine regelrechte Geburt mit Schmutz und Schleim bedeckt aus mir herausgekommen und nur ich habe die Hand, die bis zum Körper dringen kann und Lust dazu hat.«[48]

Entsprechend lässt sich Kafka gegenüber Felice Bauer vernehmen, wenn er über den Schreibzwang berichtet, der ihn dazu drängt, eine im Bett erfundene Geschichte, eine Erzählung, die ihm dort eingefallen ist, zu Papier zu bringen. Am 17. November 1912 schreibt er über diese ›Geburtsszene‹ der *Verwandlung* an sie:

Felice Bauer als Leserin

»Ich werde Dir übrigens heute wohl noch schreiben, wenn ich auch noch heute viel herumlaufen muß und eine kleine Geschichte niederschreiben werde, die mir in dem Jammer im Bett eingefallen ist und mich innerlichst bedrängt.«[49]

LIBRARY, UNIVERSITY OF CHEST

Vergleichbar den angeführten Aussagen zum Entstehungsprozess des *Urteils* spricht Kafka also auch bei der *Verwandlung* davon, dass er sich zum Schreiben gedrängt fühle. Das Schreiben entspricht der Öffnung von Leib und Seele und dem Getriebenwerden in einem Gewässer, womit wohl auch angedeutet ist, dass Schreiben ein gleitender Prozess bzw. ein vom schreibenden Subjekt fast losgelöster Automatismus sei. So heißt es auch in einem Brief an Felice Bauer vom 18. November:

»Gerade setzte ich mich zu meiner gestrigen Geschichte mit einem unbegrenzten Verlangen, mich in sie auszugießen, deutlich von aller Trostlosigkeit aufgestachelt. Von so vielem bedrängt, über Dich in Ungewissem, gänzlich unfähig, mit dem Bureau auszukommen, angesichts dieses seit einem Tag stillstehenden Romans [*Der Verschollene*] mit einem wilden Wunsch, die neue, gleichfalls mahnende Geschichte fortzusetzen, seit einigen Tagen und Nächten bedenklich nahe an vollständiger Schlaflosigkeit und noch einiges weniger Wichtige, aber doch Störende und Aufregende im Kopf – [...]«[50]

Schon bald aber gerät – ganz gegen Kafkas Vorstellung – der Schreibprozess, mit dem er sich aus der Trostlosigkeit befreien und wohl auch die ihn unausgefüllt lassende Tätigkeit im Bureau kompensieren will, ins Stocken.

In einem Brief vom 23. November 1912, ebenfalls an Felice Bauer adressiert, bekennt Kafka ihr gegenüber, dass die Geschichte einen bislang nicht erahnten Umfang einnehmen werde und dass er sie für geeignet halte, sie Felice vorzulesen, statt sie selbst sie lesen zu lassen:

»Es ist sehr spät in der Nacht, ich habe meine kleine Geschichte weggelegt, an der ich allerdings schon zwei Abende gar nichts gearbeitet habe und die sich in der Stille zu einer größern Geschichte auszuwachsen beginnt. Zum Lesen sie Dir geben, wie soll ich das? selbst wenn sie schon fertig wäre? Sie ist recht unleserlich geschrieben und selbst wenn das kein Hindernis wäre, denn ich habe Dich gewiß bisher durch schöne Schrift nicht verwöhnt, so will ich Dir auch nichts zum Lesen schicken. Vorlesen will ich Dir. Ja, das wäre schön, diese Geschichte Dir vorzulesen und dabei gezwungen zu sein, Deine Hand zu halten, denn die Geschichte ist ein wenig fürchterlich. Sie heißt ›Verwandlung‹, sie würde Dir tüchtig Angst machen und Du würdest vielleicht für die ganze Geschichte danken, denn Angst ist es ja, die ich Dir in meinen Briefen leider täglich machen muß. [...] Dem Helden meiner kleinen Geschichte ist es aber auch heute gar zu schlecht gegangen und dabei ist es nur die letzte Staffel seines jetzt dauernd werdenden Unglücks.«[51]

Noch in derselben Nacht vom 23. auf den 24. November notiert Kafka:

»Liebste! Was ist das doch für eine ausnehmend ekelhafte Geschichte [...] ekelhaft ist sie grenzenlos [...]. Sei darüber nicht traurig, denn, wer weiß, je mehr ich schreibe und je mehr ich mich befreie, desto reiner und würdiger werde ich vielleicht für Dich, aber sicher ist noch vieles aus mir herauszuwerfen und die Nächte können gar nicht lange genug sein für dieses übrigens äußerst wollüstige Geschäft.«[52]

Kafka selbst hält demnach die *Verwandlung* für eine für den schutzlosen Leser ›fürchterliche‹, ›ekelhafte‹, Angst machende Geschichte, deren Niederschrift aber für ihn einem Akt der Befreiung gleichkommt. Schreiben ist demnach sowohl ein ›wollüstiges Geschäft‹, also ein durch und durch lustbesetzter Akt, als auch eine Tätigkeit, mit der Kafka die Vorstellung verbindet, dass sie auf ihn eine kathartische, reinigende Wirkung ausübe: er wirft aus sich vieles heraus

und fühlt sich nach dem Schreiben wohl reiner und würdiger.

Am 25. November findet sich über den Entstehungsprozess der *Verwandlung* noch folgende interessante Stelle in
einem Brief an Felice, der man wieder entnehmen kann, wie
sehr Kafka sich in der Ausübung seines Berufs als Schriftsteller durch seine eigentliche berufliche Tätigkeit gehindert
sieht:

»Eine solche Geschichte müßte man höchstens mit einer
Unterbrechung in zweimal 10 Stunden niederschreiben,
dann hätte sie ihren natürlichen Zug und Sturm, den sie
vorigen Sonntag in meinem Kopfe hatte. Aber über zweimal
zehn Stunden verfüge ich nicht. So muß man bloß das
Bestmögliche zu machen suchen, da das Beste einem ver-
sagt ist.«[53]

Erst Anfang Dezember kann Kafka die Geschichte fast
abschließen und betrachtet schon jetzt das, was er niedergeschrieben hat, mit äußerst kritischen Augen. Wieder führt er
die von ihm entdeckten Mängel auf seine Zeit raubende berufliche Situation zurück:

»Der Held meiner kleinen Geschichte ist vor einer Weile
gestorben. Wenn es Dich tröstet, so erfahre, dass er genug
friedlich und mit allen ausgesöhnt gestorben ist. Die Geschichte selbst ist noch nicht ganz fertig, ich habe keine
rechte Lust jetzt mehr für sie und lasse den Schluß bis morgen. [...] Schade, daß in manchen Stellen der Geschichte
deutlich meine Ermüdungszustände und sonstige Unterbre-
chungen und nicht dazugehörige Sorgen eingezeichnet sind,
sie hätte gewiß reiner gearbeitet werden können, gerade an
den süßen Seiten sieht man das. Das ist eben das ewig boh-
rende Gefühl; ich selbst, ich mit den gestaltenden Kräften,
die ich in mir fühle, ganz abgesehen von ihrer Stärke und

Ausdauer, hätte bei günstigern Lebensumständen eine reinere, schlagendere, organisiertere Arbeit fertiggebracht, als die, die jetzt vorliegt« (vermutlich Nacht vom 5. zum 6. Dezember).[54]

In der Nacht vom 6. zum 7. Dezember 1912 kann Kafka endlich von dem endgültigen Abschluss seiner Erzählung Felice Mitteilung machen, und erneut kritisiert er unter ästhetischem Aspekt den seiner Meinung nach misslungenen Schluss der Erzählung:

»Also höre, meine kleine Geschichte ist beendet, nur macht mich der heutige Schluß gar nicht froh, er hätte schon besser sein dürfen.«[55]

Obwohl Kafka zunächst die zu Ende geschriebene Geschichte für nicht ganz gelungen hält, kann er doch einige Wochen später Felice melden (1. März 1913), dass er sie an einem Abend bei Max Brod vorgelesen und sich dabei sogar »in Raserei« gelesen habe. Während er aber früher immer Felice gegenüber von der ekelhaften, Angst erzeugenden Erzählung berichtet, scheinen der Geschichte, nun im Freundeskreis vorgelesen, durchaus auch belustigende Züge abzugewinnen zu sein, denn nach diesem Vortrag hat man es sich »wohl sein lassen und viel gelacht«[56].

Fasst man zunächst die Selbstaussagen Kafkas vor allem zur Entstehung der Geschichte zusammen, so ergibt sich:

> Der Ursprung der Erzählung scheint ein Einfall gewesen zu sein, den Kafka, im Bett liegend, hatte und durch den er sich »innerlichst bedrängt« sah, ihn als kleine Geschichte niederzuschreiben.
> Kafka möchte diese Geschichte eigentlich in einem Zuge durchschreiben, wobei er sich vom Schreibvorgang selbst eine Entlastung verspricht.

Kafka hält die Geschichte für »ein wenig fürchterlich«, zugleich scheint sie aber auch belustigende Züge zu enthalten.

Kafka scheint direkte Bezüge zwischen sich und seiner Erzählung zu erkennen, dennoch lehnt er es ab, Samsa und Kafka miteinander gleichzusetzen, wie einem Gespräch, das Kafka mit seinem Freund Janouch geführt haben soll, zu entnehmen ist:

»›Der Held der Erzählung heißt Samsa‹, sagte ich [Janouch]. ›Das klingt wie ein Kryptogramm für Kafka. Fünf Buchstaben hier wie dort. Das S im Worte Samsa hat dieselbe Stellung wie das K im Worte Kafka. Das A –‹ Kafka unterbrach mich. ›Es ist kein Kryptogramm. Samsa ist nicht restlos Kafka. *Die Verwandlung* ist kein Bekenntnis, obwohl es – im gewissen Sinne – eine Indiskretion ist.‹ ›Das weiß ich nicht.‹ ›Ist es vielleicht fein und diskret, wenn man über die Wanzen der eigenen Familie spricht? [...] *Die Verwandlung* ist ein schrecklicher Traum, eine schreckliche Vorstellung.‹ Kafka blieb stehen. ›Der Traum enthüllt die Wirklichkeit, hinter der die Vorstellung zurückbleibt. Das ist das Schreckliche des Lebens – das Erschütternde der Kunst.‹«[57]

Kafka selbst warnt also davor, die ›Verwandlung‹ einsinnig und eindeutig als eine Verwandlung seiner selbst in eine literarische Figur zu verstehen. Samsa ist Kafka und zugleich auch nicht Kafka, denn die Geschichte – wie oben bereits angedeutet – verwandelt die Wirklichkeit in eine Groteske bzw. ist – wie Kafka nun sagt – ein Traum, aber ein solcher Traum, der durch ›Verschiebung‹ und ›Verdichtung‹ der Realität, wie Freud sagen würde,

Die Verwandlung, ein Traum

das an der Realität sichtbar macht, was sonst im Verborgenen bleibt. Es verbietet sich folglich, in der *Verwandlung* nur Biographisches von Kafka widergespiegelt zu sehen. Sicherlich ist der biographische Zugang zur Geschichte nicht ganz auszuschließen, aber man darf nicht verkennen, dass Kafka selbst die Wirklichkeit ins Traumhafte und zum Grotesken hin verzeichnet und zugleich seiner Geschichte einen festen literarischen Rahmen gibt, den er der Tradition entlehnt, denn zunächst einmal ›zitiert‹ Kafka mit der *Verwandlung* ein beliebtes literarisches Motiv und zugleich ein altes, oft – und vor allem in Märchen und Mythos – erprobtes Erzählmuster, eben das der Verwandlung.

Das Motiv der Verwandlung

Kafkas *Verwandlung* – sosehr sie auch befremdet – nimmt ein durchaus verbreitetes Thema der Epik bzw. ein in Erzählungen beliebtes Motiv auf. Nach Peter Beicken gibt es verschiedene Verwandlungen: die Bestrafungsverwandlung oder Degradationsverwandlung. Meist sind die Götter die degradierenden und strafenden Mächte.[58] »Die Metamorphose kann [...] von einem Gott oder einem Wesen, das eine höhere Instanz repräsentiert, strafweise vorgenommen werden, weil der Mensch, um den es geht, in irgendeiner Weise gefehlt hat.«[59] Verwandlungen sind auch ein typisches Märchenmotiv. Hier sind es Schicksalsmächte, von denen solche Verwandlungen ausgehen können: »In vielen märchenhaften oder mythischen Texten bewirken ein Zauberer, eine Hexe oder auch eine ›Stiefmut-

Abwandlung eines Märchenmotivs

ter‹ die Verwandlung aus reiner Bösartigkeit, aus Neid oder Eifersucht, oder um einen lästigen Nebenbuhler auszuschalten.«[60] Bei Kafka aber – und das ist das Besondere – ist es eine ungenannte Macht.

Neben die von Beicken angeführte Bestrafungsverwandlung tritt die autometamorphose Selbstverwandlung, Entzugs- oder Rettungsverwandlung: Häufig handelt es sich um die Verwandlung eines Menschen in ein Tier und die entsprechende Erlösung von der Tiergestalt durch Entzauberung oder Rückverwandlung. Auffällig bei Kafka ist hingegen, dass hier eben diese Rückverwandlung zu fehlen scheint.

Fehlende Rückverwandlung

Man sollte also, wenn man die Erzählung in die literarische Reihe der Verwandlungsgeschichten stellt, zunächst konstatieren, dass Kafka das Motiv der Verwandlung in einer gänzlich ungewohnten Weise verwendet, denn in Verwandlungsgeschichten wird einmal zumeist eine Vorgeschichte miterzählt, in der der später Verwandelte noch nicht verwandelt ist (»in den Verwandlungsgeschichten des klassischen Typus widerfährt dem Menschen die Transformation in ein Tier nicht einfach aus heiterem Himmel, sondern es gibt eine Vorgeschichte«[61]), zum andern erfolgt nach der Vorgeschichte und der entsprechenden Verwandlung in einem dritten Teil zumeist eine Rückverwandlung in die ursprüngliche Gestalt, sei es, dass der Verwandelte sich geläutert hat, sei es, dass ein über ihn verhängter Fluch aufgelöst wird. Bei Kafka fehlen sowohl Vor- als auch Nachgeschichte, obgleich die Interpretation durchaus in den Blick nehmen könnte, dass auch Kafkas Erzählung durchaus von einer ›erlösenden‹ Rück-verwandlung erzählt, wobei der ›Erlösungszustand‹ bereits die von Samsa angenommene

Tiergestalt ist, in der sich Samsa aus der Gesellschaft zurückzieht und sich auf einen eigenwilligen Weg der ›Erlösung‹ in Form der Regression begibt.

Im Zusammenhang mit dem Verwandlungsmotiv ist außerdem festzuhalten, dass weder die Verwandlung selbst noch die Verwandlung in ein Tier außergewöhnliche Erzählmotive wären. In Mythen und Märchen findet sich die Verwandlung in ein Tier häufig, ebenso ist es gerade für Kafkas Werk nicht ungewöhnlich, dass Tiere zu Protagonisten seiner Erzählungen werden, erinnert sei an Hunde, Mäuse, Schakale, Dohlen, die sich in Kafkas Erzählungen finden, häufig sogar titelgebend werden (z. B. *Schakale und Araber, Der Geier, Josephine, die Sängerin, oder das Volk der Mäuse*): »Die genannten Tierarten fungieren meist als leicht durchschaubare anthropomorphe Identifikationsfiguren.«[62]

Auch die Vorstellung eines insekten-, sogar käferähnlichen Tieres taucht bei Kafka schon vor der *Verwandlung* auf. In den *Hochzeitsvorbereitungen auf dem Lande* heißt es: »Und überdies kann ich es nicht machen, wie ich es immer als Kind bei gefährlichen Geschäften machte? Ich brauche nicht einmal selbst aufs Land fahren, das ist nicht nötig, ich schicke meinen angekleideten Körper. [...] ich liege inzwischen in meinem Bett, glatt zugedeckt mit gelbbrauner Decke, ausgesetzt der Luft, die durch das wenig geöffnete Zimmer weht. [...] Ich habe, wie ich im Bett liege, die Gestalt eines großen Käfers, eines Hirschkäfers oder Maikäfers, glaube ich. [...] Eines Käfers große Gestalt, ja. Ich stellte es dann so an, als handle es sich um einen Winterschlaf, und ich preßte meine Beinchen an meinen gebauchten Leib.«[63]

Den herabwürdigenden Vergleich eines Menschen mit einem Tier kannte Kafka aus dem Sprachgebrauch seines Vaters, wenn man dem *Brief an den Vater* Glauben schenken will. Dort heißt es in Bezug auf Kafkas Freund Löwy: »Ohne ihn zu kennen, verglichst Du ihn [Löwy] in einer schrecklichen Weise, die ich schon vergessen habe, mit Ungeziefer, und wie so oft für Leute, die mir lieb waren, hattest Du automatisch das Sprichwort von den Hunden und Flöhen bei der Hand. [...] So spricht mein Vater über meinen Freund.«[64]

Worauf verweist die Verwandlung?

Die Frage, die sich unwillkürlich bei der Lektüre von Kafkas *Verwandlung* aufdrängt, ist die Frage nach der ›Bedeutung‹ der Verwandlung selbst. Was hat es zu bedeuten, dass sich Gregor in ein Insekt verwandelt? Eine Antwort auf diese Frage zu finden ist nicht leicht, da die Verwandlung im Erzählverlauf nicht begründet, ihre Ursache nicht benannt wird. Es ist keine Rede davon, dass die Verwandlung etwa als eine Strafe für ein bestimmtes Vergehen Samsas verstanden werden müsste oder dass sie Samsa selbst verursacht oder aus bestimmten Gründen herbeigesehnt hätte. Vor allem durch die Erzählperspektive und dadurch, dass die Erzählung schon mit der vollzogenen Verwandlung einsetzt, bleibt diese rätselhaft. Und auch Gregor selbst, aus dessen Perspektive vorwiegend erzählt wird, nimmt zwar an sich die Verwandlung wahr, ist aber weit davon entfernt zu fragen, warum ihn die Verwandlung getroffen habe und wie er sich ihr etwa wieder entziehen könnte. Gregor verlangt es nicht nach einer Antwort, und er macht sich auch nichts als Antwort vor. Er findet sich vielmehr fraglos mit dem neuen Zustand ab und lebt sich in ihn hinein, ohne sich gegen ihn aufzulehnen oder nach Abhilfe zu suchen. »Es gibt gewissermaßen keine Zeugen für den Vorgang [der Verwandlung], auch der, der unmittelbar von ihm betroffen ist, hat ihn nicht miterlebt, nicht bewußt wahrgenommen.«[65] Je mehr ›Leerstellen‹ es aber bezüglich der Verwandlung im Text gibt, umso mehr fühlen sich Leser bzw. Interpreten des Textes dazu verführt oder sogar genötigt, nach dem Grund und der Bedeutung der Verwandlung zu fragen, um so, wie man meint, den parabelhaften Gehalt, der der Erzählung unterstellt wird, zu erfassen. Nur so, glaubt man, könne es gelingen, »die Bedeutung des zentralen Symbols zu ermitteln und aus dem individuellen Schicksal des Gregor Samsa allgemeine Rückschlüsse zu ziehen«[66]. Immer wieder wird die poetische Bildlichkeit in die Sprache der Psychologie, der Psychoanalyse, der Theologie, der Soziologie oder der Philosophie übersetzt. »Die Erzählung wurde als masochistische Unterwerfungsfantasie, als Todes- und Auferstehungsfantasie, als religiöse Fantasie der Bestrafung und Sühne, als neurotische Regressionsfantasie, als modernes Verwandlungsmärchen, als Kritik an der entfremdeten Arbeitswelt, als Thematisierung einer aus allen Sozialbezügen herausfallenden Künstlerexistenz, als Ausdruck des entwurzelten Lebens emanzipierter Westjuden, schließlich sogar als literarische Darstellung eines Seelenwanderungsmythos verstanden.«[67]

Dabei wird verkannt, dass ein literarischer Text nicht nach Eindeutigkeit verlangt, sondern polyvalent ist. Er verträgt mehrere Bedeutungen. Man muss sogar erkennen, dass die Erzählung – was bei Kafka-Texten gar nicht so ungewöhnlich ist – Widerstand gegen jeden fest konturierten Sinnzusammenhang leistet oder eine Einheit stiftende Instanz leugnet und sie sich nicht aufzwingen lässt. Positiv gewendet könnte man sagen: »Von den Texten gehen Deutungsreize oder -anreize aus, sie fordern den Leser dazu auf, versuchsweise die Leerstellen zu füllen, sich auf die Sinnsuche zu begeben«[68], was auch Kafkas nicht nachlassende Attraktivität und ungebrochene Aktualität ausmacht oder zumindest zum Teil erklären könnte.

Man könnte Kafkas Erzählung in ihrem Sinn eindeutiger machen, wenn man – wie oben bereits angedeutet – Text und Biographie des Autors kurzschlösse, wie es meist unter Hinweis auf Kafkas *Brief an den Vater* geschieht (s. u. S. 79ff.). Sicherlich gibt es einen Bezug zwischen Biographie und Erzählung, aber sie stehen nicht in einem klaren Abbildungsverhältnis zueinander. »Die Art der Bezüge und Transformationen (Parodie, Übertreibung, Verzerrung, Verkehrung ins Gegenteil, Aufblähung ins Komische und Absurde) ist dabei immer zu berücksichtigen«[69], besonders dann, wenn es um Kafkas *Brief an den Vater* geht, der nicht primär Brief, sondern selbst ein Stück Literatur ist, in der ein Sohn den Aufstand gegen den Vater gedanklich durchspielt und versuchsweise dessen Autorität unterläuft, wie es typisch für einen Großteil der expressionistischen Literatur der Zeit ist und was erlaubte, auch Kafkas Erzählung der literarischen Strömung des Expressionismus zuzurechnen.

Nimmt man Kafkas Groteske nicht als ausschließlich biographische Widerspiegelung, sondern – versuchsweise – als eine ins literarische gesetzte Veranschaulichung von Herrschaftsverhältnissen, so meldet sich in der Erzählung eine doppelte Erfahrung zu Wort: eine private, Kafkas Leiden und seine Kritik am übermächtigen Vater, und eine allgemeine, Kafkas Einblick in ein gesellschaft-

Veranschaulichung von Herrschaftsverhältnissen

liches Ganzes, das von Hierarchie und anonymer Verfügungsgewalt geprägt ist.

Will man die Geschichte unter diesem Aspekt lesen, sind bereits Gregors erste Gedanken nach dem Aufwachen verräterisch, wenn er nicht darüber verblüfft ist, eine neue Existenzform angenommen zu haben, sondern sich eher darüber wundert, dass er den Wecker, der auf vier Uhr gestellt war, überhört hat. Er hat dieses »möbelerschütternde Läuten« (7) des Weckers überhört, weil er es hat überhören wollen, denn er sträubt sich eigentlich gegen seinen Beruf (»was für einen anstrengenden Beruf habe ich gewählt! Tag aus, Tag ein auf der Reise. [...] ein immer wechselnder, nie andauernder, nie herzlich werdender menschlicher Verkehr. Der Teufel soll das alles holen!«, 6, so sagt Gregor Samsa zu sich). Für den Leser kann es den Anschein haben, als sei das Verschlafen ein erster unbewusster Protest gegen den für Samsa ungeliebten Beruf, den er nur ausführt, weil er glaubt, nunmehr für seine Familie verantwortlich zu sein. Gregor protestiert – so könnte man meinen – mit der Annahme seiner Käfergestalt gegen eine Lebensweise, die dazu geschaffen ist, dass er sich von sich selbst und den anderen Menschen entfremdet, und er drückt diesen Protest unbewusst dadurch aus, dass er sich selbst in einer neuen Gestalt, nämlich der eines Käfers, fremd wird, indem er also eine ganz neue, ihm bislang unbekannte Existenzform annimmt. Die Revolte gegen Familie und Beruf findet statt, indem Gregor Käfergestalt annimmt oder sich in sich verpuppt. Er schließt sich so aus dem ›menschlichen Verkehr‹, vor allem der menschlichen Kommunikation, aus. Die Käfergestalt ist Zeichen gewordener Protest, der aber als solcher von den Familienmitgliedern und allen anderen auftretenden Personen nicht verstanden werden kann. Und auch Gregor gesteht es sich selbst nicht ein. Nach außen hin willfährig bis zur Selbstaufgabe, redet er sich nur ein, durch Aufopferung für die Familie glücklich zu sein; es ist ein Scheinglück, gebildet nach der Vorstellung einer ›heilen‹ bürgerlichen Welt. In Wirklichkeit ist Gregor unglücklich mit seiner Existenz gewesen, und sein Unglück spiegelt sich in der unglücklichen Figur eines Käfers wider.

So wird Gregors Rückzug in eine ekelhafte Gestalt zugleich zum Protest und zur Revolte gegen die bürgerliche Ideologie seiner Zeit, die die bürgerliche Kleinfamilie als ihre Keimzelle und als den gesellschaftlichen Mittelpunkt begriff. In diese Familie trägt Gregor mit seiner Ekel erregenden Gestalt das Hässliche hinein, konfrontiert die Familie mit ihrem wahren Gesicht. Der Vater, die eigentliche Autorität, ist hier ›verkommen‹ zum Zeitung lesenden Schmarotzer, der die Tage im Bett verbringt, die Mutter verharrt in asthmatischer Passivität, die Schwester lebt auf Gregors Kosten. Die un-menschliche Gestalt Gregors ist der Widerschein der familiären Unmenschlichkeiten. An Stelle von familiärer Sympathie und Mitleiden erfährt Gregor von allen Familienmitgliedern nur Ablehnung, Aggression, Flucht oder – im wahrsten Sinne des Wortes – ›Aus-schluss‹. Was in den Rahmen der bürgerlichen Familie sich nicht einpasst, wird ausgestoßen, ausgemerzt und schließlich sogar getötet.

Kleinbürgerlich-kapitalistische Umwelt

Die Familie ist in sich brüchig. Brüchig in sich ist auch die vermeintliche Autorität des Familienoberhaupts, des Vaters, denn der ist Schuldner und als von seinem ehemaligen Chef Unterdrückter gibt er diesen Druck in seine Familie weiter. Der familiäre Zusammenhalt ist versteinerte Autorität, was die Familie verbinden könnte, Kommunikation, ist völlig

abgestorben. Gregor selbst stirbt, »nachdem sich seine Er-
bitterung in Rührung und Liebe gewandelt hat, und dieses
Sterben spiegelt die Trauer des Erzählers wider: Die Revolte war ohnmächtig geblieben, eine Mischung aus Empörung
und knechtischen Selbstvorwürfen, dazu geeignet, die ver-
deckten Herrschaftsverhältnisse ans Licht zu ziehen und –
am Leben zu erhalten.«[70] Versteht man den Schluss nicht
resignativ, wie Sautermeister es tut, könnte man sich fragen,
was an Positivem der Verwandlung Gregor Samsas abzu-
lesen ist. Pfeiffer hat einen solchen Katalog aufgestellt:

> »*Positiv* lässt sich Gregors Verwandlung als Ausstieg
> aus unerträglichen Zwängen deuten (als Aussteigerfan-
> tasie),
> Verweigerung gegenüber sozialem und familiärem
> Druck,
> Rebellion gegen berufliche Leistungszwänge,
> Sehnsucht nach einem Ausweg, der letzten Endes in den
> Tod mündet.«[71]

So könnte man die *Verwandlung* als eine Geschichte deuten, die von den Abhängigkeiten des Sohnes, von den
Schwierigkeiten eines selbst bestimmten Lebens und den
verzweifelten Versuchen erzählt, sich aus diesen Abhängig-
keitsstrukturen zu befreien.[72] Bezogen auf die kleinbürger-
liche, kapitalistische Umwelt, in der Samsa gelebt hat, kann
man die Erzählung sogar so lesen, dass in einer »allego-
rischen Lektüre der Käferexistenz eine völlige Unverein-
barkeit mit der bürgerlichen Lebensrealität« zugesprochen
wird, man geht »von dem absoluten Schnitt aus, der sich mit
der Verwandlung vollzieht – so wie Kafka davon ausging,
dass er sich schreibend aus seinem Lebenszusammenhang
herauskatapultieren und sich buchstäblich in Literatur ver-
wandeln könnte.«[73]

Die Frage ist allerdings, ob Gregor dieser Befreiungsversuch wirklich gelingt, denn die Verwandlung in ein Insekt kann und muss wohl eher als Regression verstanden werden, insofern der erwachsene, die Verantwortung für die Familie tragende Gregor sich in den Zustand des Kindes zurücksehnt, denn es ist auffällig, wie sich bei ihm erwachsene Verhaltensweisen mit kindlichen Abhängigkeitswünschen und Trennungsängsten mischen. Einige seiner Aktionen lassen sich nur in diesem Zusammenhang verstehen. Dazu folgende Beispiele:

Befreiungsversuch und Regression

Gregor möchte vom Vater und dem Dienstmädchen aus dem Bett gehoben werden; er würde dann mit den Beinchen auf dem Boden »weiterkrabbeln« (11).

Gregors Bemühung, das Türschloss zu öffnen (er ist gerade groß genug, um den Schlüssel zu erreichen), gleicht den Türöffnungsversuchen eines kleinen Kindes; zudem wünscht sich Gregor, dass die Eltern seine Versuche mit aufmunternden Zurufen begleiten.

Er belauscht wieder die Gespräche der Erwachsenen an der Tür.

An bestimmten Abenden wird die Wohnzimmertür geöffnet, sodass er die ganze Familie beim beleuchteten Tisch sehen kann.

Er findet immer mehr Spaß daran, mit allen Gliedmaßen am Boden zu kriechen.

Er verunreinigt sein Zimmer und bekommt wie ein Kleinkind das Essen vorgesetzt.

Aus Wut über das schlechte Essen entwickelt er Pläne, in die Speisekammer einzudringen.[74]

Gregor Samsa ist demnach zwar ein erwachsener Mann, der beruflich die Verantwortung für seine Familie übernommen hat; aber im Grunde ist er auf der Stufe eines pubertären oder vorpubertären Jugendlichen, eher noch eines Kleinkindes stehen geblieben bzw. hat sich zum Schutz dahin zurück›verwandelt‹. *Negativ* kann folglich die Verwandlung Gregors als »Ausdruck der Vereinsamung, der Entfremdung, aber auch als Bestrafung und Sühne« verstanden werden. Sie ist dann – wie oben schon dargelegt – »Ausdruck der Isolation und sozialen Einsamkeit (Außenseiterexistenz),

*Entfremdungs-
erfahrung*

Ausdruck der Entmenschlichung durch den Beruf, besonders durch die Tätigkeit als herumgetriebener Reisender (Entfremdungserfahrung, Verdinglichung),

Ausdruck der Angst vor Verletzung durch zwischenmenschliche Beziehungen (Gefühlspanzer),

Strafe bzw. Sühne für verfehlte Existenz.«[75]

Die Verwandlung verweist so einerseits »auf unbegriffenes Leiden, die Deformation durch die Berufswelt, die Defizite im Familiensystem«, aber auch – und das macht ihre Ambivalenz und die Ambiguität der Erzählung aus – andererseits »auf die Aspekte einer möglichen spirituellen Selbstfindung oder Erlösung durch die Annahme des Schicksals«.[76]

*Ambiguität der
Erzählung*

In dieser Richtung denkt auch Ewald Rösch in seiner Interpretation weiter. Er sieht, dass »das von Gregor erträumte und nun plötzlich erlebte Ausscheiden aus dem Erwerbsleben und damit aus dem legitimierenden Kontext der Nützlichkeit ihn de facto nicht zur Ich-Befreiung und zur Selbstbestimmung führt, sondern in die extreme Abhängigkeit eines Pflegefalls und in die Sinnlosigkeit eines parasitären Daseins. [...] Das Aufgehen im Zusammenhang der

Brauchbarkeit (für das Geschäft, die Familie und die Gesellschaft) bedeutet Entpersönlichung, Verdinglichung, Austauschbarkeit. Das Herausfallen aus dem Zusammenhang der Berufs- und Arbeitswelt aber heißt Isolation, Entmündigung und Selbstentwertung, kurz: auf der einen Seite droht der Selbstverlust als nur nützliches Rädchen, auf der anderen Seite der Selbstverlust als nutzloses Ungeziefer. Die eine Unwert-Drohung treibt das Ich jeweils der anderen Entwertung zu.«[77]

Rösch sieht jedoch auch, dass es äußerst fahrlässig ist, die Verwandlung Gregor Samsas vorschnell und einseitig als das Absinken ins Viehische und Triebhafte zu diffamieren.

Kafka lässt Gregor nicht in einen Alptraum versinken, sondern aus seinen Träumen erwachen, nämlich zu einer neuen Wahrnehmung, die seinen eigentlichen Zustand zeigt, über den er sich stets hinweggetäuscht hat. Es ist der Einbruch einer neuen Sicht, die enthüllt, was im Grunde schon vorher der Fall war.[78] Gregors Nichtessen – man denke an Kafkas Erzählung *Ein Hungerkünstler* – bedeutet »ein Sichherausnehmen aus dem vitalen Zusammenhang. [...] Sein Hunger nach der ›ersehnten unbekannten Nahrung‹ ist ein Verlangen nach einem neuen Lebenszusammenhang, nach Teilhabe an einer anderen Wirklichkeit, nach einer Erfüllung, die hinausführt über die nur ›natürliche Natur‹. Die Frage, ob es diese ›unbekannte Nahrung‹ gibt, wird vom Text an keiner Stelle beantwortet. Aber in seinem Hunger danach weiß Gregor genau, daß es sie geben müßte. Sein ganzes Wesen ist darauf angewiesen. Es ist jetzt geradezu die Forderung nach dieser andren (nicht raubtierhaften) Lebensweise – oder aber der ›Beweis‹ dessen, daß es unmöglich ist zu leben. [...] Beweist die neue Ergriffenheit,

Neue Ergriffenheit

daß er nun nicht mehr ein dahinvegetierendes Tier sein kann, sondern sich schon auf dem Weg befindet zu einem dritten, ihm noch ›unbekannten‹ Bereich? [...] Daß der Weg zu der unbekannten Nahrung auch der Weg in den Tod ist, das hat Kafka in mehreren Texten vorgeführt. [...] Das Sterben Gregors gewinnt einen einleuchtenden Sinn: Es wird zum Erweis seines Menschseins, und d. h. zur Darstellung des Gedankens einer Menschlichkeit jenseits der früheren Brauchbarkeit einerseits und jenseits der späteren parasitären Ichbezogenheit andererseits. ›Ein erstes Zeichen beginnender Erkenntnis ist der Wunsch zu sterben.‹ [...] Das Exempel seines Sterbens bleibt unverstanden, nicht anders als das des Hungerkünstlers. Beide werden von den anderen zwar überlebt, aber widerlegt sind sie dadurch nicht.«[79]

Vielleicht könnte man auch die ›Verwandlung‹ so deuten, dass gerade in ihrer Verweigerung der eindeutigen Deutbarkeit ihre Bedeutung läge, d. h.: Indem sich Gregor in eine vieldeutige ›Metapher‹ zurückzieht, entzieht er sich jeder Festlegung.

Befreiung durch Metaphorisierung

Kafka literarisiert sich selbst, er tritt eine Metamorphose in die Metapher, in die Literatur an, um sich so jeder Eindeutigkeit, jeder ihn vergewaltigenden Einvernahme zu entziehen. Sicherlich ein schmerzhafter Prozess, weil sich Kafka/Gregor so jeder Kommunikation entzieht, andrerseits bedeutet aber der Sprung in die Bedeutungslosigkeit auch den Sprung in die Freiheit.

Dass sich Kafka gegen jede Festlegung des Sinns seiner Geschichte zur Wehr setzte, dürfte aus seinem Verhalten im Zusammenhang mit der Drucklegung der Geschichte entnehmbar sein: Kafka legt nämlich seinem Verleger Kurt Wolff in einem Schreiben vom 25. Oktober

1915 nahe, dass für den Umschlag der Publikation kein Käfer gezeichnet werden solle. Kafka verbittet sich demnach eine Konkretisation des Ungeziefers, als das sich Gregor Samsa selbst ansieht:

Konkretisationsverbot

»Es ist mir nämlich [...] eingefallen, er [der Umschlagsgestalter Starke] könnte etwa das Insekt selbst zeichnen wollen. Das nicht, bitte das nicht! Ich will seinen Machtkreis nicht einschränken, sondern nur aus meiner natürlicherweise bessern Kenntnis der Geschichte heraus bitten. Das Insekt selbst kann nicht gezeichnet werden. Es kann aber nicht einmal von der Ferne aus gezeigt werden.«[80]

Und auch in einem Gespräch mit Gustav Janouch äußert sich Kafka zu seiner Erzählung und gibt Deutungshinweise, die darauf zielen, dass die Geschichte keinen ›eindeutigen Sinn‹ habe, sondern sich allenfalls die Zeit bzw. die Gegenwart und die Sehnsucht nach Freiheit in ihr widerspiegele (man wird allerdings berücksichtigen müssen, dass gerade die Gespräche mit Janouch – wie die Forschung nachgewiesen hat – mit äußerster Vorsicht zu genießen sind, was deren Authentizität betrifft). In dem Zusammenhang, dass Janouch behauptet hatte, ein Engländer Garnett habe in seiner Erzählung *Lady into Fox* (1922) die »Methode der Verwandlung« kopiert, erwidert Kafka: »Das liegt in der Zeit. Wir haben es beide von ihr abgeschrieben. Das Tier ist uns näher als der Mensch. Das ist das Gitter. Die Verwandtschaft mit dem Tier ist leichter als die mit den Menschen. [...] Jeder lebt hinter einem Gitter, das er mit sich herumträgt. Darum schreibt man jetzt so viel von den Tieren. Es ist ein Ausdruck der Sehnsucht nach einem freien, natürlichen Leben. Das natürliche Leben für den Menschen ist aber das Menschenleben. Doch das sieht man nicht. Man will es nicht sehen. Das menschliche Dasein ist zu beschwerlich, darum will man es wenigstens in der Fantasie abschütteln.«[81]

Nimmt man diese Worte Kafkas ernst, so verbietet es sich eigentlich, den ›Sinn‹ der ›Verwandlung‹ zu verfestigen, indem man unzulässigerweise konkretisiert, wie es jene Interpretationen tun, die vor allem Gregors Verwandlung nicht als eine äußere, sondern lediglich als eine innere beschreiben und kausal erklären wollen. Einige interpretatorische Kapriolen seien noch kurz erwähnt: So sprechen Interpreten von einer sich in Gregor vollziehenden Triebrichtung; Gregor bestrafe sich selbst durch seine Verwandlung für seine gegen den Vater gerichtete Konkurrenz. Von hier aus ist es nicht mehr weit, Gregor einen Ödipuskomplex zu unterschieben oder – wenn dazu die Textbelege sich nicht finden lassen – manifestiert sich in Gregors Verwandlung der Freud'sche Todestrieb. Ein anderer Trick der Interpreten besteht darin, Gregors Verwandlung nur als ›Wahnidee‹ Gregors zu verstehen, Gregor verrennt sich in die Idee, zu einem Käfer verwandelt worden zu sein, wozu ihn ein masochistischer Selbsthass oder das Gefühl völligen Ausgestoßenseins verleiten. Solchen interpretatorischen Vereinfachungen folgen auch Deutungen, die in Gregors Verwandlung – parallel zu anderen Erzählungen oder vor allem den Romanen Kafkas (hier insbesondere den *Prozess*) – einen Akt sehen, in dem Gregor eine nicht weiter konkretisierbare Schuld auf sich nimmt und sich selbst bestraft. Theologisch kann man aus der Schuld sogar die Erbsünde machen, denn schließlich wird Gregor, der alte Adam, von einem Apfel getroffen, dem Apfel vom Baum der Erkenntnis. Die Wunde führt zu seinem Tod, den Gregor stellvertretend und geläutert auf sich nimmt, denn einige Stellen lassen sich so lesen, als trage Gregor Züge eines Märtyrers; und andere Stellen verweisen, wenn man sie so lesen will, auf Christus und seinen Tod am Kreuz.

7. Der Autor

Lebensdaten

1883 3. Juli: Franz Kafka wird als erstes Kind des jüdischen Ehepaars Hermann und Julie Kafka in Prag am Rande des Altstädter Rings geboren. Der Vater ist Galanteriewarenhändler; die Mutter war eine Tochter des Prager Privatiers und früheren Brauereibesitzers Jakob Löwy. Franz Kafka hatte zwei früh verstorbene Brüder und drei Schwestern: Elli (Gabriele) 1889–1941, Valli (Valerie) 1890–1942, Ottla (Ottilie) 1892–1943.

1889 September: Kafka besucht bis 1893 die »Deutsche Knabenschule«.

1893 September: Besuch des humanistischen »Staatsgymnasiums mit deutscher Unterrichtssprache in Prag-Altstadt«.

1901 Juli: Abitur. November: Immatrikulation an der »Deutschen Karl-Ferdinands-Universität zu Prag«, zuerst für Chemie, dann für Jura.

1904 Herbst (?): Beginn der Arbeit an *Beschreibung eines Kampfes*.

1905 Juli/August: Aufenthalt in einem Sanatorium.

1906 April/September: Volontär in der Prager Anwaltskanzlei von Richard Löwy, einem Halbbruder der Mutter. Juni: Promotion zum Doktor der Rechte. November: Abschluss der Staatsprüfung. Oktober 1906 – September 1907: Referendarzeit, zuerst in Prag am Landgericht, dann am dortigen Strafgericht; Beginn der Arbeit an *Hochzeitsvorbereitungen auf dem Lande*.

Franz Kafka

1907 ab 1. Oktober: ›Aushilfskraft‹ in der Prager Niederlassung des Versicherungskonzerns »Assicurazioni Generali« (Triest).

1908 ab 30. Juli: ›Aushilfsbeamter‹ in der halbstaatlichen »Arbeiter-Unfall-Versicherungs-Anstalt für das Königreich Böhmen in Prag«; erste Publikation: *Betrachtungen* in der Zeitschrift *Hyperion*, hrsg. von Franz Blei und Carl Sternheim.

1911 Eintritt als stiller Teilhaber in die »Prager Asbestwerke Hermann & Co«, die sein Schwager leitet; wachsendes Interesse an der religiösen und literarischen Welt des Ostjudentums; erste Spannungen mit dem Vater.

1912 13. August: Erste Begegnung mit der ›Berlinerin‹ Felice Bauer bei seinem Freund Max Brod. 20. September: Beginn des Briefwechsels mit Felice Bauer. 22./23. September: *Das Urteil* niedergeschrieben. 25. September: Beginn der Arbeit an dem Roman *Der Verschollene*. 7. Oktober: Suizidgefährdung. Vom 17. November bis 7. Dezember entsteht die Erzählung *Die Verwandlung*.

1913 Intensiver Briefwechsel mit Felice Bauer. Dreifacher Besuch in Berlin. Ernennung zum ›Vizesekretär‹ der Versicherungsanstalt.

1914 1. Juni: Verlobung mit Felice in Berlin. 12. Juli: Auflösung der Verlobung. Ab August: Arbeit an dem Roman *Der Prozess*.

1915 Oktober: Veröffentlichung der *Verwandlung* in der Monatsschrift *Die Weißen Blätter* im Kurt Wolff Verlag, Leipzig. November: *Die Verwandlung* erscheint als das dritte Buch Kafkas in der Reihe *Der Jüngste Tag* des Kurt Wolff Verlags.

1917 Juli: Felice Bauer kommt nach Prag; Kafka verlobt sich erneut mit ihr. 9./10. August: Ausbruch der Tuberkulose. 25. Dezember: Felice kommt nach Prag. Auflösung des zweiten Verlöbnisses.

1919 Sommer: Verlobung mit Julie Wohryzek. November: Die beabsichtigte Heirat scheitert. *Brief an den Vater*.

1920 Ernennung zum ›Anstaltssekretär‹ der Versicherungsanstalt. April: Beginn des Briefwechsels mit Milena Jesenská-Polak. Juli: Auflösung der Verlobung mit Julie Wohryzek.

1922 Anfang Januar: Seelisch-körperlicher Zusammenbruch; Fahrt nach Spindlermühle, einem Erholungsort im westlichen Riesengebirge; Beginn der Arbeit am Roman *Das Schloss*.

1923 26. September: Übersiedlung von Prag nach Berlin-Steglitz. Gemeinsamer Hausstand mit Dora Diamant.

1924 Januar: Akute Erkrankung mit hohem Fieber. 14. März: Brod kommt nach Berlin und bringt Kafka nach Prag zurück. Anfang April: Dora bringt Kafka in ein Sanatorium nach Ortmann (Niederösterreich): Kehlkopftuberkulose. Kurzer Aufenthalt in der Wiener Universitätsklinik. 19. April: Sanatorium Dr. Hoffmann in Kierling. 3. Juni: Kafka stirbt. Überführung nach Prag. 11. Juni: Beerdigung auf dem jüdischen Friedhof in Prag-Straschnitz.

Die Bedeutung des Schreibens für Kafka

Sicherlich hat die ungebrochene Faszination, die von Kafka und seinem Werk ausgeht, damit zu tun, dass Kafka einer jener Autoren ist, die das Schreiben nicht als eine angenehme

Nebenbeschäftigung, als Broterwerb, als schöngeistige Spielerei oder gesellschaftlichen Auftrag verstehen, sondern für Kafka ist Schreiben ein existenzieller Akt, eine Lebensnotwendigkeit, die aber zugleich selbstzerstörerische Momente in sich birgt. Schreiben bedeutet für Kafka zum einen eine Möglichkeit der eigenen Wertschätzung, zum andern bringt ihn aber gerade der Schreibprozess immer wieder in die kritische Auseinandersetzung mit sich selbst. Schreibend und durch das Schreiben glaubt er, seine Identität zu gewinnen, und gleichzeitig wird sie dadurch immer wieder in Frage gestellt. Im Brief an Felice vom 1. November 1912 bekennt Kafka, dass seine Lebensweise nur auf das Schreiben hin eingerichtet sei: »Schrieb ich [...] nicht, dann lag ich auch schon auf dem Boden, wert hinausgekehrt zu werden.«[82] Am radikalsten formuliert er es in einem späteren, ebenfalls an Felice gerichteten Brief (14. August 1913): »Ich habe kein literarisches Interesse, sondern bestehe aus Literatur, ich bin nichts anderes und kann nichts anderes sein.«[83]

Selbstzerstörung

»Ich bestehe aus Literatur«

Weil er sich so auf die Literatur verpflichtet sieht, leidet Kafka an dem Zwiespalt, dass er einerseits noch berufstätig sein muss, einer Bürotätigkeit nachzugehen hat und sich so innerhalb des normalen bürgerlichen Rahmens aufhalten muss, andererseits sieht er aber seine Bestimmung zur Literatur und damit die Notwendigkeit, den ›normalen‹ bürgerlichen Rahmen zu überschreiten. Er steht in dem permanenten »Konflikt, daß die Anforderungen des Berufs und das Bedürfnis der literarischen Tätigkeit gleichermaßen auf ihn einstürmten und ihn zu

Schreiben als Widerlager zur »Bureauarbeit«

zerreißen drohten«[84], und dass er einerseits – unter dem Zwang seiner eigenen Familie – glaubt, er müsse selbst eine Familie gründen, andererseits aber nur zu deutlich sieht, dass erst die Verweigerung einer Familiengründung ihn ungestört eine schriftstellerische Existenz leben ließe.

»In mir kann ganz gut eine Koncentration auf das Schreiben hin erkannt werden. Als es in meinem Organismus klar geworden war, daß das Schreiben die ergiebigste Richtung meines Wesens sei, drängte sich alles hin und ließ alle Fähigkeiten leer stehn, die sich auf die Freuden des Geschlechts, des Essens, des Trinkens, des philosophischen Nachdenkens der Musik zu allererst richteten. Ich magerte nach allen diesen Richtungen ab. Das war notwendig, weil meine Kräfte in ihrer Gesamtheit so gering waren, daß sie nur gesammelt dem Zweck des Schreibens halbwegs dienen konnten. Ich habe diesen Zweck natürlich nicht selbständig und bewußt gefunden, er fand sich selbst und wird jetzt nur noch durch das Bureau, aber hier von Grund aus gehindert [...]. Ich habe also nur die Bureauarbeit aus dieser Gemeinschaft hinauszuwerfen, um, da meine Entwicklung nun vollzogen ist und ich soweit ich sehen kann, nichts mehr aufzuopfern habe, mein wirkliches Leben anzufangen, in welchem mein Gesicht endlich mit dem Fortschreiten meiner Arbeiten in natürlicher Weise wird altern können.«[85]

Kafka sieht bei sich immer mehr die Fähigkeit schwinden, zwischen der Büroarbeit und seiner schriftstellerischen Arbeit zu vermitteln, sie in ein ausbalanciertes Verhältnis zueinander zu bringen. Noch im gleichen Jahr wie die oben wiedergegebene Tagebucheintragung schreibt er an Felice (3. Dezember 1912):

»Durch dieses Schreiben, das ich ja in diesem regelmäßigen Zusammenhang noch gar nicht so lange betreibe, bin ich aus einem durchaus nicht musterhaften, aber zu manchen Sachen gut brauchbaren Beamten [...] zu einem Schrecken meines Chefs geworden. Mein Schreibtisch im Bureau war gewiß nie ordentlich, jetzt aber ist er von einem wüsten Haufen von Papieren und Akten hoch bedeckt, ich kenne beiläufig nur das, was obenauf liegt, unten ahne ich bloß Fürchterliches. Manchmal glaube ich fast zu hören, wie ich von dem Schreiben auf der einen Seite und von dem Bureau auf der anderen geradezu zerrieben werde. Dann kommen ja wieder auch Zeiten, wo ich beides verhältnismäßig ausbalanciere, besonders wenn ich zuhause schlecht geschrieben habe, aber diese Fähigkeit (nicht die des schlechten Schreibens) geht mir – fürchte ich – allmählich verloren.«[86]

> Schreiben ist für Kafka also die »ergiebigste Richtung seines Wesens«, sein Befreiungsversuch, das Wichtigste auf Erden. Sein einziger, lebenslanger Befreiungsversuch war die Literatur, die von den Eltern weitgehend unbeachtet blieb. In ihr konnte er die »gesellschaftlichen und familialen Machtstrukturen analysieren, deren Opfer er zu sein glaubte, den Irrwegen nachgehen, die der zivilisierte Mensch gegangen ist, die Bilder einer verwalteten Welt heraufbeschwören, die immer mehr der Totenstarre zu verfallen schien«.[87]

»Ich habe inzwischen, nachdem ich durch Wahnsinnszeiten gepeitscht worden bin, zu schreiben angefangen und dieses Schreiben ist mir in einer für jeden Menschen um mich grausamsten [...] Weise das Wichtigste auf Erden, wie etwa einem Irrsinnigen sein Wahn [...] oder wie einer Frau ihre Schwangerschaft« (Brief an Robert Klopstock, Ende März 1923)[88]. Schreiben ist ein in sich ambivalenter Prozess: Spaß und Verzweiflung gehen hier zusammen (»Nur das Schreiben ist hilflos, wohnt nicht in sich selbst, ist

Spaß und Verzweiflung«[89]); zum einen lebensnotwendig und befreiend, zum andern zerstörerisch. Schreiben ist ein waghalsiger Akt, der einsam macht. Schreiben ist Entleibung und zugleich die Objektivation des Leids und damit Erlösung:

Objektivation des Leids

»Schreiben heißt ja sich öffnen bis zum Übermaß; die äußerste Offenherzigkeit und Hingabe, in der sich ein Mensch im menschlichen Verkehr schon zu verlieren glaubt und vor der er also, solange er bei Sinnen ist, immer zurückscheuen wird – denn leben will jeder, solange er lebt – diese Offenherzigkeit und Hingabe genügt zum Schreiben bei weitem nicht. Was von der Oberfläche ins Schreiben hinübergenommen wird – wenn es nicht anders geht und die tiefern Quellen schweigen – ist nichts und fällt in dem Augenblick zusammen, in dem ein wahreres Gefühl diesen obern Boden zum Schwanken bringt. Deshalb kann man nicht genug allein sein, wenn man schreibt, deshalb kann es nicht genug still um einen sein, wenn man schreibt, die Nacht ist noch zu wenig Nacht. Deshalb kann nicht genug Zeit einem zur Verfügung stehn, denn die Wege sind lang, und man irrt leicht ab, man bekommt sogar manchmal Angst und hat schon ohne Zwang und Lockung Lust zurückzulaufen (eine später immer schwer bestrafte Lust), wie erst, wenn man unversehens einen Kuß vom liebsten Mund bekäme! Oft dachte ich schon daran, daß es die beste Lebensweise für mich wäre, mit Schreibzeug und einer Lampe im innersten Raume eines ausgedehnten abgesperrten Kellers zu sein. Das Essen brächte man mir, stellte es immer weit von meinem Raum entfernt hinter der äußersten Tür des Kellers nieder. Der Weg um das Essen, im Schlafrock, durch alle Kellergewölbe hindurch wäre mein einziger Spaziergang. Dann kehrte ich zu meinem Tisch zurück, würde langsam und mit Bedacht essen und wieder gleich zu schreiben anfangen. Was ich dann schreiben würde! Aus welchen Tiefen ich es hervorreißen würde! Ohne Anstrengung! Denn äußerste Koncentration kennt keine Anstrengung. Nur, daß ich es vielleicht nicht lange treiben würde und beim ersten, vielleicht selbst in solchem Zustand nicht zu vermeidendem Mißlingen in einen großartigen Wahnsinn ausbrechen müßte« (Brief an Felice Bauer, 14./15. Januar 1913).[90]

Die Ambivalenz des Schreibens und den von Kafka empfundenen Zwang zum Schreiben belegt auch eine Tagebuchnotiz von Ende Juni 1913: »Die ungeheuere Welt, die ich im Kopfe habe. Aber wie mich befreien und sie befreien, ohne zu zerreißen. Und tausendmal lieber zerreißen, als in mir sie zurückhalten oder begraben. Dazu bin ich ja hier, das ist mir ganz klar.«[91]

Schreiben ist für Kafka die »Darstellung des traumhaften innern Lebens«, weil aber die Kraft dazu nicht immer berechenbar ist, ist Schreiben für ihn ein Prozess der Einsamkeit und vergleichbar den Qualen des Sterbens:

»Von der Literatur aus gesehen ist mein Schicksal sehr einfach. Der Sinn für die Darstellung meines traumhaften innern Lebens hat alles andere ins Nebensächliche gerückt und es ist in einer schrecklichen Weise verkümmert und hört nicht auf zu verkümmern. Nichts anderes kann mich jemals zufrieden stellen. Nun ist aber meine Kraft für jene Darstellung ganz unberechenbar, vielleicht ist sie schon für immer verschwunden, vielleicht kommt sie doch noch einmal über mich, meine Lebensumstände sind ihr allerdings nicht günstig. So schwanke ich also, fliege unaufhörlich zur Spitze des Berges, kann mich aber kaum einen Augenblick oben erhalten. Andere schwanken auch, aber in untern Gegenden, mit stärkeren Kräften; drohen sie zu fallen, so fängt sie der Verwandte auf, der zu diesem Zweck neben ihnen geht. Ich aber schwanke dort oben, es ist leider kein Tod, aber die ewigen Qualen des Sterbens« (Tagebucheintrag vom 6. August 1914)[92].

Schreiben ist ein schmerzhafter Prozess, aber zugleich liegt in der Möglichkeit der Objektivation etwas »Unbegreifliches«, »ein gnadenweiser Überschuss der Kräfte« der Imagination:

»Mir immer unbegreiflich, daß es jedem fast, der schreiben kann, möglich ist, im Schmerz den Schmerz zu objektivieren, so dass ich z. B. im Unglück, vielleicht noch mit dem brennenden Unglückskopf mich setzen und jemandem schriftlich mitteilen kann: Ich bin unglücklich. Ja, ich kann noch darüber hinausgehn und in verschiedenen Schnörkeln je nach Begabung, die mit dem Unglück nichts zu tun zu haben scheint, darüber einfach oder antithetisch oder mit ganzen Orchestern von Associationen phantasieren. Und es ist gar nicht Lüge und stillt den Schmerz nicht, ist einfach gnadenweiser Überschuß der Kräfte in einem Augenblick, in dem der Schmerz doch sichtbar alle meine Kräfte bis zum Boden meines Wesens, den er aufkratzt, verbraucht hat« (Tagebuch, September 1917)[93].

Was Schreiben für Kafka bedeutet, legt er in einem späten Brief an Max Brod (5. Juli 1922) nochmals dar:

»Als ich heute in der schlaflosen Nacht alles immer wieder hin- und hergehn ließ zwischen den schmerzenden Schläfen, wurde mir wieder, was ich in der letzten genug ruhigen Zeit fast vergessen hatte, bewußt, auf was für einem schwachen oder gar nicht vorhandenem Boden ich lebe, über einem Dunkel, aus dem die dunkle Gewalt nach ihrem

Willen hervorkommt und, ohne sich an mein Stottern zu
kehren, mein Leben zerstört. Das Schreiben erhält mich,
aber ist es nicht richtiger zu sagen, daß es diese Art Leben
erhält? Damit meine ich natürlich nicht, daß mein Leben
besser ist, wenn ich nicht schreibe. Vielmehr ist es dann
viel schlimmer und gänzlich unerträglich und muß in dem
Irrsinn enden. Aber das freilich nur unter der Bedingung,
daß ich, wie es tatsächlich der Fall ist, auch wenn ich
nicht schreibe, Schriftsteller bin und ein nicht schreibender

*Schreiben, ein
»süßer wunder-
barer Lohn«*

Schriftsteller ist allerdings ein den Irrsinn
herausforderndes Unding. Aber wie ist es
mit dem Schriftstellersein selbst? Das Schreiben ist ein süßer wunderbarer Lohn, aber
wofür? In der Nacht war es mir mit der
Deutlichkeit kindlichen Anschauungsunterrichtes klar, daß
es der Lohn für Teufelsdienst ist. Dies Hinabgehen zu dunk-
len Mächten, diese Entfesselung von Natur aus gebundener
Geister, fragwürdige Umarmungen und was alles noch unten vor sich gehen mag, von dem man oben nichts mehr
weiß, wenn man im Sonnenlicht Geschichten schreibt. Vielleicht gibt es auch anderes Schreiben, ich kenne nur dieses;
in der Nacht, wenn mich die Angst nicht schlafen läßt, kenne ich nur dieses. Und das Teuflische daran scheint mir sehr
klar. Es ist die Eitelkeit und Genußsucht, die immerfort um
die eigene oder auch um eine fremde Gestalt […] schwirrt
und sie genießt.«[94]

Die angeführten, hier zusammengetragenen Zitate, in denen
sich Kafka über sein Schreiben äußert, könnten annehmen
lassen, dass es Kafka beim Schreiben nur um ein narziss-
tisches Schreiben geht, aus dem er Selbstbestätigung zieht.
Dem ist aber – worauf Ewald Rösch zu Recht verweist –

entgegenzuhalten: »Gewiss hat Kafka sein Schreiben nicht selten auch im Blick auf eine artistische, selbstreferentielle, ihm narzisstisch suspekte Seite hin reflektiert, aber solche Gegenstimmen können doch den Grundakkord seiner Kunstauffassung nicht übertönen: Ihm geht es um das Aufdecken einer Wahrheit, die wir allerdings nicht wahrhaben wollen. [...] Es geht um die wahre Situation des

> Schreiben als Enthüllen

Menschen, vor der wir zurückweichen, weil wir Angst haben vor der Negation unserer vitalen Basis, und d. h. (nach Kafka), weil wir Angst haben ›vor dem Aufsteigen in ein höheres Leben‹. [...] Enthüllen gilt Kafka als die besondere Aufgabe der Dichtung. Sie hat (wie im Detektivstück) oft ›ein Geheimnis, das langsam gelüftet wird. Gibt es aber ein größeres Geheimnis als die Wahrheit? Dichtung ist immer nur eine Expedition nach der Wahrheit.‹«[95]

Auszüge aus Kafkas *Brief an den Vater*

Häufig verweisen die Interpretationen zu Kafkas *Verwandlung* auf seinen *Brief an den Vater*, als sei er der interpretatorische Schlüssel zum Verständnis der Erzählung. Was bei einem solchen Vorgehen jedoch unberücksichtigt bleibt, ist, dass der *Brief an den Vater* selbst literarisches Zeugnis ist und nicht einfach als Dechiffrierschlüssel für die *Verwandlung* benutzt werden kann. Dennoch seien im Folgenden einige relevante Stellen, zusammengestellt nach bestimmten Gesichtspunkten, aus dem *Brief an den Vater* wiedergegeben:

Der Anlass des Briefes

»Du hast mich letzthin einmal gefragt, warum ich behaupte, ich hätte Furcht vor Dir. Ich wußte Dir wie gewöhnlich, nichts zu antworten, zum Teil eben aus der Furcht, die ich vor Dir habe, zum Teil deshalb, weil zur Begründung dieser Furcht zu viele Einzelheiten gehören, als daß ich sie im Reden halbwegs zusammenhalten könnte. Und wenn ich hier versuche, Dir schriftlich zu antworten, so wird es doch nur sehr unvollständig sein, weil auch im Schreiben die Furcht und ihre Folgen mich Dir gegenüber behindern und weil die Größe des Stoffs über mein Gedächtnis und meinen Verstand weit hinausgeht.« (BV, 7)

Dem Vater unterstellt Kafka, er könne selbst das Verfassen des Briefes als ein ›Schmarotzen‹ seines Sohnes verstehen: »Wenn ich nicht sehr irre, schmarotzest Du an mir noch mit diesem Brief als solchem.« (BV, 58)

Zum Verhältnis Vater–Sohn

»Du hast Dein ganzes Leben lang schwer gearbeitet, alles für Deine Kinder, vor allem für mich geopfert, ich habe infolgedessen ›in Saus und Braus‹ gelebt, habe vollständige Freiheit gehabt zu lernen was ich wollte, habe keinen Anlaß zu Nahrungssorgen, also zu Sorgen überhaupt gehabt; Du hast dafür keine Dankbarkeit verlangt, Du kennst ›die Dankbarkeit der Kinder‹, aber doch wenigstens irgendein Entgegenkommen, Zeichen eines Mitgefühls, statt dessen habe ich mich seit jeher vor Dir verkrochen, in mein Zimmer, zu Büchern, zu verrückten Freunden, zu überspannten Ideen; offen gesprochen habe ich mit Dir niemals […] um das Geschäft und Deine sonstigen Angelegenheiten habe ich mich nicht gekümmert, die Fabrik habe ich Dir aufgehalst und Dich dann verlassen, Ottla habe ich in ihrem Eigensinn unterstützt [...].« (BV, 7)

»Faßt Du Dein Urteil über mich zusammen, so ergibt sich, daß Du mir zwar etwas geradezu Unanständiges und Böses nicht vorwirfst (mit Ausnahme vielleicht meiner letzten Heiratsabsicht), aber Kälte, Fremdheit, Undankbarkeit.« (BV, 8)

»[...] auch ich glaube, Du seist gänzlich schuldlos an unserer Entfremdung. Aber ebenso gänzlich schuldlos bin auch ich.« (BV, 8)

»Du dagegen ein wirklicher Kafka an Stärke, Gesundheit, Appetit, Stimmkraft, Redebegabung, Selbstzufriedenheit, Weltüberlegenheit, Ausdauer, Geistesgegenwart, Menschenkenntnis, einer gewissen Großzügigkeit, natürlich auch mit allen zu diesen Vorzügen gehörenden Fehlern und Schwächen.« (BV, 9)

»Jedenfalls waren wir so verschieden und in dieser Verschiedenheit einander so gefährlich, daß, wenn man es hätte im voraus ausrechnen wollen, wie ich, das langsam sich entwickelnde Kind, und Du, der fertige Mann, sich zueinander verhalten werden, man hätte annehmen können, daß Du mich einfach niederstampfen wirst, daß nichts von mir übrig bleibt. Das ist nun nicht geschehen, das Lebendige läßt sich nicht ausrechnen [...]. Wobei ich Dich aber immerfort bitte, nicht zu vergessen, daß ich niemals im entferntesten an eine Schuld Deinerseits glaube. Du wirktest so auf mich, wie Du wirken mußtest, nur sollst Du aufhören, es für eine besondere Bosheit meinerseits zu halten, daß ich dieser Wirkung erlegen bin.« (BV, 10)

»Noch nach Jahren litt ich unter der quälenden Vorstellung, daß der riesige Mann, mein Vater, die letzte Instanz, fast ohne Grund kommen und mich in der Nacht aus dem Bett auf die Pawlatsche tragen konnte und daß ich also ein solches Nichts für ihn war.« (BV, 11)

»Das war damals ein kleiner Anfang nur, aber dieses mich oft beherrschende Gefühl der Nichtigkeit (ein in anderer Hinsicht auch edles und fruchtbares Gefühl) stammt vielfach von Deinem Einfluß.« (BV, 11)

»Ich war ja schon niedergedrückt durch Deine bloße Körperlichkeit. Ich erinnere mich zum Beispiel daran, wie wir uns öfters zusammen in einer Kabine auszogen. Ich mager, schwach, schmal, Du stark, groß, breit.« (BV, 12)

»Ohne ihn [den jiddischen Schauspieler Löwy] zu kennen, verglichst Du ihn in einer schrecklichen Weise, die ich schon vergessen, mit Ungeziefer, und wie so oft für Leute, die mir lieb waren, hattest Du automatisch das Sprichwort von den Hunden und Flöhen bei der Hand.« (BV, 15)

»Niederdrückend wurden [unbedeutende Einzelheiten] für mich erst dadurch, daß Du, der für mich so ungeheuer maßgebende Mensch, Dich selbst an die Gebote nicht hieltest, die Du mir auferlegtest. Dadurch wurde die Welt für mich in drei Teile geteilt, in einen, wo ich, der Sklave, lebte, unter Gesetzen, die nur für mich erfunden waren und denen ich überdies, ich wußte nicht warum, niemals völlig entsprechen konnte, dann in eine zweite Welt, die unendlich von meiner entfernt war, in der Du lebtest, beschäftigt mit der Regierung, mit dem Ausgeben der Befehle und mit dem Ärger wegen deren Nichtbefolgung, und schließlich in eine dritte Welt, wo die übrigen Leute glücklich und frei von Befehlen und Gehorchen lebten.« (BV, 16)

»Du sagtest: ›Kein Wort der Widerrede!‹ und wolltest damit die Dir unangenehmen Gegenkräfte in mir zum Schweigen bringen, diese Einwirkung war aber für mich zu stark, ich war zu folgsam, ich verstummte gänzlich, verkroch mich vor Dir und wagte mich erst zu regen, wenn ich so weit von Dir entfernt war, daß Deine Macht, wenigstens direkt, nicht mehr hinreichte.« (BV, 19)

»Du verstärktest nur, was war, aber Du verstärktest es sehr, weil Du eben mir gegenüber sehr mächtig warst und alle Macht dazu verwendetest.« (BV, 20)

»Von allen Seiten her kam ich in Deine Schuld.« (BV, 25)

»Seit jeher machtest Du mir zum Vorwurf […], daß ich dank Deiner Arbeit ohne alle Entbehrungen in Ruhe, Wärme, Fülle lebte.« (BV, 25)

»Ich konnte, was Du gabst, genießen, aber nur in Beschämung, Müdigkeit, Schwäche, Schuldbewußtsein. Deshalb konnte ich Dir für alles nur bettelhaft dankbar sein, durch die Tat nicht.« (BV, 27)

»Aber da ich keines Dinges sicher war, von jedem Augenblick eine neue Bestätigung meines Daseins brauchte, nichts in meinem eigentlichen, unzweifelhaften, alleinigen, nur durch mich eindeutig bestimmten Besitz war, in Wahrheit ein enterbter Sohn, wurde mir natürlich auch das Nächste, der eigene Körper unsicher; ich wuchs lang in die Höhe, wußte damit aber nichts anzufangen, die Last war zu schwer, der Rücken wurde krumm; ich wagte mich kaum zu bewegen oder gar zu turnen, ich blieb schwach; staunte alles, worüber ich noch verfügte, als Wunder an.« (BV, 43)

»Dort, wo ich lebte, war ich verworfen, abgeurteilt, niedergekämpft, und anderswohin mich zu flüchten strengte mich zwar äußerst an, aber das war keine Arbeit, denn es handelte sich um Unmögliches, das für meine Kräfte bis auf kleine Ausnahmen unerreichbar war.« (BV, 44)

»[...] aber entscheidend getroffen bin ich von anderem. Es ist der allgemeine Druck der Angst, der Schwäche, der Selbstmißachtung.« (BV, 53)

»Zwischen uns war es kein eigentlicher Kampf; ich war bald erledigt; was übrig blieb war Flucht, Verbitterung, Trauer, innerer Kampf.« (BV, 32)

»Ich hatte vor Dir das Selbstvertrauen verloren.« (BV, 36)

»Ebensowenig Rettung vor Dir fand ich im Judentum.« (BV, 37)

Zum Verhältnis Mutter–Sohn

»Die Mutter hatte unbewußt die Rolle eines Treibers in der Jagd. [...] Oder es war so, daß es zu keiner eigentlichen Versöhnung kam, daß die Mutter mich vor Dir bloß im geheimen schützte, mir im geheimen etwas gab, etwas erlaubte, dann war ich wieder vor Dir das lichtscheue Wesen, der Betrüger, der Schuldbewußte, der wegen seiner Nichtigkeit selbst zu dem, was er für sein Recht hielt, nur auf Schleichwegen kommen konnte.« (BV, 24)

»Wollte ich vor Dir fliehn, mußte ich auch vor der Familie fliehn, selbst vor der Mutter. Man konnte bei ihr zwar immer Schutz finden, doch nur in Beziehung zu Dir. Zu sehr liebte sie Dich und war Dir zu sehr treu ergeben, als daß sie in dem Kampf des Kindes eine selbständige geistige Macht für die Dauer hätte sein können.« (BV, 29f.)

8. Checkliste

1. Geben Sie eine Inhaltsangabe der Erzählung, die nicht mehr als drei Sätze umfasst.
2. Welche Erzählperspektive wählt Kafka?
3. Formulieren Sie einen kleinen Abschnitt der Erzählung um, indem Sie sie aus der Ichperspektive heraus schreiben.
4. Welche Fragen stellen sich nach der Lektüre des ersten Abschnitts? Stellen Sie einen Fragenkatalog zusammen. Werden die Fragen im Laufe des Textes beantwortet?
5. Wie nutzt Kafka den Raum? Welche Räume beschreibt er, wie möbliert er die Räume? Zeichne eine kleine Raumskizze der Wohnung der Samsas. Welche Bedeutung kommt dem Fenster in Gregors Zimmer zu, welche der Tür bzw. den Wohnungstüren? Welche Bedeutung hat das Bild in Gregors Zimmer?
6. Wie behandelt Kafka die Zeit innerhalb der Erzählung bzw. innerhalb der einzelnen Kapitel der Erzählung?
7. Welche Wiederholungen lassen sich im Kapitelaufbau feststellen, welche Steigerungen den Kapiteln ablesen?
8. Welches Verhältnis hatte Gregor vor seiner Verwandlung zu seiner Familie?
9. Welches Verhältnis hatte Gregor zu seinem Vater, welches hat er nach seiner Verwandlung zu ihm?
10. Welches Verhältnis hat der Vater zu seinem Sohn? Ändert es sich im Laufe der Erzählung?
11. Welches Verhältnis hat die Mutter zu Gregor? Welches Gregor zu seiner Mutter? Wie verändert sich das Verhältnis beider im Laufe der Erzählung?
12. Welches Verhältnis hat Gregor zu seiner Schwester,

welches Verhältnis die Schwester zu Gregor, und wie verändert sich im Laufe der Erzählung das Verhältnis beider zueinander?

13. Wie sind die drei Untermieter dargestellt?

14. Welcher Eindruck wird von der Berufswelt Gregors vermittelt (durch den Prokuristen, durch Gregors Erinnerungen an sein Berufsleben)?

15. Charakterisieren Sie die Dienstmädchen, die im Laufe der Erzählung in der Familie Samsa angestellt sind.

16. Wie verwandelt sich Gregor nach seiner ›Verwandlung‹?

17. Warum sperrt sich Kafka dagegen, dass eine Buchausgabe seiner Erzählung ein Bild Gregors als ›Insekt‹ zeigt?

18. Was deutet in der Erzählung auf eine käferähnliche Gestalt, die Gregor nach seiner Verwandlung angenommen hat?

19. Nehmen Sie Stellung zu Pfeiffers interpretatorischer Feststellung, die er bezüglich des väterlichen Apfelbombardements macht: »Eine seltsame Vertreibung aus dem Paradies findet hier statt: Der Paradiesesapfel als Waffe, das Paradies als Einheitsglück der Eltern, aus welchem der Sohn nun endgültig vertrieben ist.«[96]

20. Welche Bedeutung kommt der Musik in der Erzählung zu?

21. Vergleichen Sie das Ende der *Verwandlung* mit dem Schluss von Kafkas Erzählung *Ein Hungerkünstler*.

22. Welche Erzählformen kennen Sie, in denen das Motiv der Verwandlung eine bedeutende Rolle spielt? Wie wird dort meist das Motiv verwandt und wie unterscheidet sich Kafkas Erzählung davon?

23. Wenn Sie Kafkas Erzählung als ›Novelle‹ lesen, wo findet sich dann die ›unerhörte Begebenheit‹?

24. Wie denkt Kafka über das Schreiben und speziell über seine ›Schriftstellerexistenz‹ (s. die Zusammenstellung der Texte S. 71–79)?

25. Wie sieht Kafka seine Situation in der Familie, und wie sieht sich Gregor Samsa? Vergleichen Sie die Äußerungen Kafkas in seinem *Brief an den Vater* (s. die Zusammenstellung S. 79–84) mit der Erzählung.

26. Werten Sie die Selbstzeugnisse aus, in denen Kafka über seine Erzählung *Die Verwandlung* schreibt.

9. Lektüretipps

Textausgaben

Die Verwandlung. In: Die Weißen Blätter. Eine Monatsschrift. 2 (1915) Heft Oktober/Dezember. S. 1177–1230.

Die Verwandlung. Leipzig: Wolff, 1916.

Die Verwandlung. Leipzig: Wolff, 1918.

Die Verwandlung. In: Erzählungen und kleine Prosa. Berlin: Schocken, 1935.

Die Verwandlung. In: Erzählungen. Frankfurt a. M.: S. Fischer, 1952. (Gesammelte Werke. Hrsg. von Max Brod.)

Die Verwandlung. In: Sämtliche Erzählungen. Hrsg. von Paul Raabe. Frankfurt a. M.: Fischer Taschenbuch Verlag, 1992.

Die Verwandlung. Stuttgart: Reclam, 2001 [u. ö.]. Nachw. von Egon Schwarz. (RUB. 9900.) – *Reformierte Rechtschreibung. Nach dieser Ausgabe wird zitiert.*

Franz Kafka: Drucke zu Lebzeiten. Hrsg. von Wolf Kittler, Hans-Gerd Koch und Gerhard Neumann. Frankfurt a. M.: S. Fischer, 1994.

Franz Kafka: Schriften, Tagebücher, Briefe. Kritische Ausgabe. Hrsg. von Jürgen Born [u. a.]. Frankfurt a. M.: 1982 ff.

Kafka-Brevier. Hrsg. von Joseph Vogl. Stuttgart: Reclam, 1995.

Kafka

Beicken, Peter U.: Franz Kafka. Eine kritische Einführung in die Forschung. Frankfurt a. M. 1974.

Bezzel, Christ: Kafka-Chronik. Daten zu Leben und Werk. München 1975.

Binder, Hartmut: Kafka. Der Schaffensprozeß. Frankfurt a. M. 1983.

Brod, Max: Über Franz Kafka. Frankfurt a. M. 1966.

Dichter über ihre Dichtungen. Franz Kafka. Hrsg. von Erich Heller und Joachim Beug. München 1969.

Interpretationen: Franz Kafka: Romane und Erzählungen. Hrsg. von Michael Müller. Stuttgart 1994.

Kafka-Handbuch in zwei Bänden. Unter Mitarb. zahlreicher Fachwissenschaftler hrsg. von Hartmut Binder. Stuttgart 1979.

Schlingmann, Carsten: Franz Kafka. Stuttgart 1995. (Literaturwissen für Schüler.)

Wagenbach, Klaus: Franz Kafka. Mit Selbstzeugnissen und Bilddokumenten. Reinbek bei Hamburg [30]1995.

Arbeiten zu Kafkas *Verwandlung*

Abraham, Ulf: Der verhörte Held. Verhöre, Urteile und die Rede von Recht und Schuld im Werk Franz Kafkas. München 1985.

Beicken, Peter: Erläuterungen und Dokumente: Franz Kafka: *Die Verwandlung*. Stuttgart 1983 [u. ö.].

Binder, Hartmut: Kafka-Kommentar zu sämtlichen Erzählungen. München 1975.

– Szenengefüge. Eine Formbetrachtung zu Kafkas *Verwandlung*. In: Franz Kafka. Vier Referate eines Osloer Symposiums. Oslo 1985. S. 2–64.

– Erzählstrategien in Kafkas *Verwandlung*. In: Euphorion 80 (1986) S. 167–200.

Cersowsky, Peter: Mit primitivem Blick. Franz Kafka: *Die*

Verwandlung (1915). In: Deutsche Novelle. Von der Klassik bis zur Gegenwart. Hrsg. von Winfried Freund. München 1993. S. 237–247.

Fingerhut, Karl-Heinz: *Die Verwandlung*. In: Michael Müller (Hrsg.): Interpretationen: Franz Kafka: Romane und Erzählungen. Stuttgart 1994. S. 42–74.

Meurer, Reinhard: Franz Kafka: Erzählungen. München ²1988.

Müller, Michael: Franz Kafka: *Die Verwandlung*. In: Interpretationen: Erzählungen des 20. Jahrhunderts. Bd. 1. Stuttgart 1996. S. 139–159.

Pfeiffer, Joachim: Franz Kafka: *Die Verwandlung / Brief an den Vater*. München 1998.

Rösch, Ewald: Nachwort zu: Franz Kafka: *Die Verwandlung*. Mit einem Nachw., einer Zeittafel zu Kafka, einem Stellenkommentar und bibliographischen Hinweisen. München 1999. S. 70–138.

Sautermeister, Gert: Die sozialkritische und sozialpsychologische Dimension in Franz Kafkas *Die Verwandlung*. In: Der Deutschunterricht 26 (1974) Heft 4. S. 99–109.

Schlingmann, Carsten: *Die Verwandlung* – Eine Interpretation. In: Alfred Weber [u. a.]: Interpretationen zu Franz Kafka. München 1968. S. 81–105.

Schwarz, Egon: Nachwort: In: Franz Kafka: *Die Verwandlung*. Stuttgart 2001 [u. ö.]. S. 71–79.

Vietta, Silvio / Hans-Georg Kemper: Expressionismus. München 1975. S. 68–80.

Walser, Martin: Selbstbewußtsein und Ironie. Frankfurter Vorlesungen. Frankfurt a. M. 1981. S. 155–174.

Wiese, Benno von: Franz Kafka: *Die Verwandlung*. In: Benno von Wiese: Die deutsche Novelle von Goethe bis Kafka. Interpretationen. Bd. 2. Düsseldorf 1962. S. 319–345.

Anmerkungen

1 Zit. nach: Michael Müller, Franz Kafka, *Die Verwandlung*, S. 139.

2 Gerhard Neumann, Franz Kafka, in: Walter Killy (Hrsg.), Literaturlexikon, Bd. 6, Gütersloh/München 1990, S. 185.

3 Brief an Oskar Pollak, 27. Januar 1904; zit. nach: Kafka-Brevier, S. 105.

4 Ewald Rösch, Nachwort zu Franz Kafka, *Die Verwandlung*, S. 74.

5 Franz Kafka, *Die Verwandlung*. Mit einem Nachw. von Egon Schwarz, Stuttgart 2001 [u. ö.] (RUB, 9900), S. 5.

6 Rösch, S. 29.

7 von Wiese, S. 339.

8 Meurer, S. 59.

9 Pfeiffer, S. 69.

10 Franz Kafka, *Brief an den Vater*, hrsg. und komm. von Michael Müller, Stuttgart 1995, S. 13. (Kafkas *Brief an den Vater* wird zitiert: BV.)

11 Ebd., S. 7.

12 Müller, S. 154.

13 Rösch, S. 106. (Die Zitate beziehen sich auf *Die Verwandlung*, S. 23.)

14 Fingerhut, S. 52. (Die Zitate beziehen sich auf *Die Verwandlung*, S. 41 f.)

15 Meurer, S. 58. (Das Zitat bezieht sich auf *Die Verwandlung*, S. 22.)

16 Rösch, S. 109. (Das Zitat bezieht sich auf *Die Verwandlung*, S. 18.)

17 Rösch, S. 105.

18 Pfeiffer, S. 71.

19 Meurer, S. 57.

20 Müller, S. 155.

21 Rösch, S. 108.

22 Siehe Pfeiffer, S. 71.

23 Meurer, S. 62.

24 Pfeiffer, S. 71.

25 Siehe Pfeiffer, S. 65; die entsprechenden Textstellen: S. 29, 36, 46, 49.

26 Fingerhut, S. 57.
27 Rösch, S. 87f.
28 Rösch, S. 88f.
29 Rösch, S. 89.
30 Pfeiffer, S. 46.
31 Pfeiffer, S. 55.
32 Pfeiffer, S. 53.
33 Meurer, S. 53f.
34 Rösch, S. 91.
35 Rösch, S. 94.
36 Fingerhut, S. 48.
37 Rösch, S. 91.
38 Rösch, S. 92.
39 Siehe Friedrich Beißner, *Der Erzähler Franz Kafka und andere Vorträge*, Frankfurt a. M. 1983, S. 142.
40 Zit. nach: Müller, S. 141.
41 Müller, S. 140.
42 Müller, S. 141.
43 Franz Kafka, *Briefe an Felice und andere Korrespondenz aus der Verlobungszeit*, Frankfurt a. M. 1967, S. 457.
44 Ebd., S. 456.
45 Binder, *Kafka-Kommentar*, S. 159.
46 Siehe Fingerhut, S. 58.
47 Franz Kafka, *Tagebücher 1910–1923*, Frankfurt a. M. 1951, S. 183.
48 Ebd., S. 186.
49 Kafka, *Briefe an Felice* (Anm. 43), S. 102.
50 Ebd., S. 105.
51 Ebd., S. 116.
52 Ebd., S. 117.
53 Ebd., S. 125.
54 Ebd., S. 160.
55 Ebd., S. 163.
56 Ebd., S. 320.
57 Gustav Janouch, *Gespräche mit Kafka*, Frankfurt a. M. 1968, S. 55f.
58 Peter Beicken, *Erläuterungen und Dokumente, Franz Kafka: »Die Verwandlung«*, S. 74ff.
59 Müller, S. 142.
60 Ebd.

61 Müller, S. 141f.
62 Meurer, S. 46.
63 Franz Kafka, *Hochzeitsvorbereitungen auf dem Lande und andere Prosa aus dem Nachlaß*, hrsg. von Paul Raabe, Frankfurt a.M. 1980, S. 10.
64 Kafka, *Brief an den Vater* (Anm. 10), S. 19.
65 Müller, S. 143.
66 Ebd.
67 Pfeiffer, S. 11.
68 Pfeiffer, S. 13.
69 Pfeiffer, S. 14.
70 Gert Sautermeister, Kafka: »Die Verwandlung«, in: *Kindlers Literatur Lexikon*, Bd. 22, München 1974, S. 9904.
71 Pfeiffer, S. 74.
72 Siehe Pfeiffer, S. 78.
73 Pfeiffer, S. 20.
74 Siehe Pfeiffer, S. 80.
75 Pfeiffer, S. 74.
76 Fingerhut, S. 70.
77 Rösch, S. 99, 102.
78 Siehe Rösch, S. 90, 94.
79 Rösch, S. 112, 114f., 119f.
80 Franz Kafka, *Briefe 1902–1924*, Frankfurt a.M. 1958, S. 135f.
81 Janouch (Anm. 57), S. 43f.
82 Kafka: *Briefe an Felice* (Anm. 43), S. 65.
83 Ebd., S. 444.
84 Fingerhut, S. 57.
85 Kafka, *Tagebücher 1910–1923* (Anm. 47), S. 144 (3. Januar 1912).
86 Kafka, *Briefe an Felice* (Anm. 43), S. 153.
87 Pfeiffer, S. 25.
88 Kafka, *Briefe 1902–1924* (Anm. 80), S. 431.
89 Kafka, *Tagebücher 1910–1923* (Anm. 47), S. 343 (6. Dezember 1921).
90 Kafka, *Briefe an Felice* (Anm. 43), S. 250.
91 Kafka: *Tagebücher 1910–1923* (Anm. 47), S. 192.
92 Ebd., S. 262.
93 Ebd., S. 330f.
94 Kafka, *Briefe 1902–1924* (Anm. 80), S. 384f.
95 Rösch, S. 76f.
96 Pfeiffer, S. 80.

BRARY, UNIVERSITY OF CHESTE

Raum für Notizen

Interpretationen online

Für Studenten, Schüler und Lehrer

Über hundert Interpretationen zu bedeutenden Romanen, Erzählungen, Kurzgeschichten, Dramen und Gedichten und zahlreiche Lektüreschlüssel zu wichtigen Schultexten zum Herunterladen!

- Von Andersch bis Zuckmayer, von *Nathan der Weise* über den *Erlkönig* bis *Katz und Maus*
- Reclam-Qualität: verfasst von namhaften Wissenschaftlern
- Preis pro Interpretation oder Lektüreschlüssel: € 2,60 (Bezahlung per Bankeinzug)
- Download rund um die Uhr
- Plattformübergreifendes PDF-Format (ab Acrobat® Reader® 4.0)
- Lesezeichen, Suchfunktion, Kopieren, Drucken
- Schnelle Suche nach Downloads auf www.reclam.de unter »Download«

www.reclam.de